叢書・ウニベルシタス　1019

われわれが生きている現実

技術・芸術・修辞学

ハンス・ブルーメンベルク
村井則夫 訳

法政大学出版局

Hans Blumenberg
WIRKLICHKEITEN IN DENEN WIR LEBEN
Aufsätze und eine Rede

This book is published in Japan
by arrangement through The Sakai Agency

序

「ひとつ以上の世界がある」というのは、フォントネル（Bernard le Bovier de Fontenelle, 1657–1757）以来、啓蒙主義を駆り立てる標語であった。宇宙進化論が提起される以前であっても、この主張は、神学的世界観に対する最も強力な反論とみなされた。それというのも、神学的世界観は、プラトンとアリストテレスに依拠しながら、創造の概念にもとづいて世界の統一性を導き出すものであったからである。そしてまさにプラトンとアリストテレスは、デモクリトスによって世界の複数化が図られた際に、それを世界理性の破壊と受け取り、抵抗を示した。カント（Immanuel Kant, 1724–1804）は、初期の卓抜な著作『天界の一般自然史と理論』によって宇宙の統一性を再構築したとき、複数世界をひとつの世界にまとめ上げる方式を提起したのだ。

「われわれはひとつ以上の世界の中に生きている」という標語は、二十世紀の哲学に活力をもたらした発見を表現している。それは、われわれが日々ますます直面しつつある困難さを表す「絶対的メタファー」[*1]のように読める。われわれは生活世界の中に取り込まれ、生活時間の内に限定された主体として、科学・芸術・技術・経済・政治・教育制度・信仰体制など、それぞれ自律した領域の中で「実現」されたものを「享受」しつつ、そこに抜きがたく「囚われて」おり、なおかつその状況を理解する必要に迫られている。しかしながら、そうした現実をわれわれの経験や理解といった日常的現実に結び付けることはきわめて困難なのである。「複数世界をひとつの世界にまとめ上げる」というのは、このような「世界の瓦解」、あるいは現実概念にまつわるこのような危機へ対処するための方式を表しているように見える。われわれの生の状況に関与する個々の「特殊世界」、そこで進行する内在的過程が、現実を統合する能力（あるいはせめて現実を記述してそれに対処する能力）を保証するだけの成熟度に到達しているかどうかは大いに疑問である。ここでは多くの実験が鍵を握ることになる。そして、世界という概念の多様性を正確に把握し、明解に記述するだけの努力が求められる。

そこではまた、「生活世界」という名称によって提起される要求に地道に応えていく努力がいっそう必要となる。多くの者にはこうした努力が、古い「自然」や「自然らしさ」の復興に見えるだろう。それというのも、規範の必要性、期待の的となる目的、還元的な操作といった、哲学的「原理主義」に着手する際に現れる態度が、そこに介入してくるためである。「総合」というアプローチの内に潜む危険、そして、アナロジーによる思考が幅を利かすと見えなくなる危険は、歴史的地平が隠蔽される場合、そして現状を単に転倒するだけのやり方が人為的に産み出され、内容をともなわない重要性が要求される場合にますます増大していく。一九二四年のフッサールの思考は[*2]、新カント学派から離れ、まぎれもなく後発の「生の哲学」とみなされるべき特徴をもち始め、現象学の再興を成功に導き、その復興に携わる思想家を続々と産んできた。

ここで現象学が「生」と結び付くのは、哲学に対する実現されていない――そして、おそらくは実現不可能な――要求の特徴であると同時に、哲学が自らの成果を装うさまざまな「修辞《レトリック》」の中核をなす。これは、単に無益な試みとして非難されるようなものではない。こうした試みは、哲学の思考が、その消滅が叫ばれる中で生き残るための延命術なのだ。哲学の思考は、その挫折が語られるだけでなく、有効な解答を示せない現状を突きつけられ、絶滅しても仕方のないものとみなされる圧力にさらされている。「修辞学《レトリック》」というのは、このような性急な態度に対処する方策である。[*3] 性急さを納得のいくものにすることが必要なのだ。そうでなければ、われわれが解答を求め、しかも重要な問題に答えようとしているのに、その解決を後世の世代に委ねることなどできるだろうか。「生活世界」という修辞は、それがひたすらわれわれの生きるものであり、その中で生きるべき場所として、根本的に――そして到達可能な――ひとつの世界であるという示唆が含まれている。

およそあらゆる「修辞」は、自己自身を幻惑するという危険をともなっており、それは哲学的な修辞に関してもまったく同様に当てはまる。哲学的な修辞が、「生」や「生活世界」を、知的な性急さに奉仕する道具、ないしは理性的な失望を慰撫する手段として用いる場合であっても、あるいは、フッサールが自らとその後継者たる現象学者に対して容赦なく求めた「無限の作業」（それはフッサール自身にとっても一種の錯覚だということが判明するが）を緩和するものとして容認されるとしても、事情は変わらない。修辞と、自らの反省的「成果」に対して注意を研ぎ澄ませることとは、互いに切り離されてはならない。なぜなら哲学とは、とりわけそれが現象学の記述的方法に従う限り、注意喚起の学問だからである。現象学は、自らを「先入見」の打破、イドラやドグマや神話の破壊と理解していたときにすでにそのようなものであった。そして現象学は、フッサールが『論理学研究』において命名した「瑣末さの学問」となったとき、そして「自明性の領界」を示唆しながら、「生活世界」という主題に即して厳格かつ厳密に完遂されたとき、現象学はそれ本来の姿を現すことになるだろう。

あらゆる学問は、その活動の中で、自らの妥当性や促進の必要性を示すことが避けられないため、時おり目の覚めるような成果を出してみせる。哲学はこのような利点あるいは負担とは無縁である。それどころか、哲学が語るべき事柄に衝撃を受ける者はまず存在しないだろう。哲学の「効果」は、これまで誰も語りえなかったことを語る者に対する穏やかな寛容である。または、自分が苦もなく気づいてしまうのに、世の人びとはほとんど見過ごしているのを寛容の眼差しで見ることである。この点で哲学は、他の学問のなかで特別の位置を占めているわけではない。顕微鏡でプレパラートを検査しなければ見えないものがあり、測定器が描く鋸状の曲線を観察しなければ分からないものがあり、美術史家の文献による裏づけのない複製画、文芸学研究をともなわない詩作品、法律家の註釈のない法律の文言が、それだけでは理解しえないことは、誰しもが納得している。知覚能力の向上に貢献するというのは、哲学に共通した課題であり、それによって哲学はあらゆる「実証的」学科とも協働しうる。ただし、哲学は、「現象」を保持するためには、それを記述する以外の手法をもっていない。哲学が哲学自身の歴史を叙述するときには、哲学はその歴史の「現象」の出現を記述するが、そのための標本はまさにその歴史以外にはない。そして歴史の出現がいかに生起するかということが、また歴史上の「現象」のひとつなのである。

それゆえ歴史の現象学というものが存在しうるであろう。この小著のささやかな試みが、その若干のヒントとなることを願っている。

＊1 〔訳註〕ブルーメンベルクの思想史の根本概念のひとつ。具体物を暗示する一般的な隠喩《メタファー》とは異なり、哲学の根本概念が集約され、それ自体が問いとして思考を駆り立てる隠喩のことを指す。絶対的メタファーは、「生活世界」に根差し、人間の思考を人間の生存と結び付ける働きをもつ。ブルーメンベルクの多くの仕事は、思想史そのものを、この絶対的メタファーの変遷過程として見ることに捧げられている。Cf. H. Blumenberg, *Paradigmen zu einer Metaphorologie*, Frankfurt a. M. 1998 (1. Aufl. 1960).

＊2 〔訳註〕フッサールは、一九二三／二四年の講義『第一哲学』を通じて現象学の方法論を再吟味し、「デカルトの道」とは異なった「新しい道」を模索し始め、後期の思考へと突入する。

＊3　〔訳註〕性急さに対する遅延の技術としての「修辞学」という主題は、本書所収の「修辞学の現代的意義」で展開される。

われわれが生きている現実◎目次

序

凡例

一　本書は Hans Blumenberg, *Wirklichkeiten in denen wir leben*, Philipp Reclam jun.: Stuttgart, 1981 の全訳である。

二　本文および註で「　」によって括られた部分は、原著においてイタリック体、ないし括弧が用いられていることを示す。ただし書名は『　』で示し、専門用語や特定の言い回しについても、訳者の判断で「　」による強調を行った。

三　本文および註の中で〔　〕（欧文の場合は［　］）によって括られた部分は、訳者による補い、ないし補註である。本文中の簡単な補足や人名の原綴・生歿年データは、各論考の初出時に、本文中に挿入した。

四　原註は、省略の多い原書の表記を正確に改め、不完全なデータは補足を行った。明らかな誤記は断らずに訂正してある。引用原典などの既訳データも可能な限り挿入した。

五　訳註では、理解の助けとするため、本文の文脈に即したかたちでの解説を行っている。註番号は原註との通し番号としたが、〔訳註〕という表記によって区別をしている。

六　各論考についての追記事項は、巻末「訳者解説」を参照のこと。

生活世界と技術化

現象学の観点より

一九一九年のこと、三篇のレオナルド・ダ・ヴィンチ論の第二篇〔「覚書と余談」〕において、ポール・ヴァレリー（Paul Valéry, 1871–1945）はパスカル（Blaise Pascal, 1623–62）をあれこれ露骨に批判しており、行間にはさらなる暗黙の批判を潜ませている。ヴァレリーにとってパスカルは、自らの知的英雄レオナルド・ダ・ヴィンチ（Leonardo da Vinci, 1452–1519）の引き立て役にすぎない。パスカルは芸術への感受性を欠き、ひたすら絶対者の有無をめぐる一か八かの賭けの虜であり、彼にとって自然は、魂の救いの途上に口を開ける無限の深淵にほかならなかった、と。*1 これに対して、思想家であり技術者でもあるレオナルドについては、ヴァレリーはこう述べている。「彼の傍らに開く深淵はない。深淵があったなら、彼は橋を架けることを夢見ただろう」。*2

根本的な論点を示唆する含蓄ある言葉である。技術化という近代の現象を理解するには、

「技術」対「自然」というありきたりの対立図式では埒が明かないということ、むしろ近代の人間が世界に関わるときには、所与の事実の観察に依拠しながらも、この時代特有の態度決定を示す指標が現れるということが、ここで語られている。「深淵」のイメージは、その隠喩《メタファー》である。パスカル型の人間は、眼前の垂直軸に釘付けになる。底知れぬ暗黒の深淵は眼差しを捕え、深淵から逆に超越へ向かう眼差しを開く。これに対して、レオナルド型の人間は、ひたすら眼前の地平線へ目を向ける。折りあらば、深淵の両岸を結び付け、障害物の上に橋梁を建て、伽藍洞の深淵を格好の実験場とみなして、機械仕掛けの鳥を羽ばたかせようとするのだ。[*3] 自然は、技術と対立し、技術によって破壊され濫用されるだけとは限らない。なるほど自然は、人間の膨大な労力の空費や、道具と機材の消耗を痛感させる。しかし自然は一方で、人間による制御や抑制を求めているとも言える。人間の手になる道や橋、人間の使うパワーショベルや工作機械を待ちうけ、その傀儡たることを望み、人間の消費欲を刺激するのも、また同じ自然なのである。

近代の眼差しが自然を見る際に感じ取る挑発は、もはや、自然はいわば人間のために存在するとか、人間の必要に見合ったものであるとか、自然は少なくとも人間の生存を維持する最小限度の効率を含んでいるといった見方とは釣り合わない。存在全体を支配する秩序を見た驚きは、ギリシア人の場合は「宇宙秩序《コスモス》」と呼ばれる哲学的な根本問題を目覚めさせる動機となったが、レオナルドにおいてもパスカルにおいてもそうした動機の残照は見られない。無限なものに心酔するジョルダーノ・ブルーノ（Giordano Bruno, 1548–1600）の熱狂にしても、深淵を前にしたパスカルの慄きにしても、そこにはギリシア人の宇宙秩序《コスモス》によって保証された純粋な観照的直観の安らぎは微塵もない。すでに言及したヴァレリーの引用文によれば、レオナルドは、深淵を前にして橋を架けることを思いついた時点で、ただ手を拱ねいて尻込みする段階を乗り越えたとは言えるが、けっしてそれを克服したわけではない。自己主張の活動は、深淵の吸引力に抗いはするものの、かといってそれを解消することはない。一歩一歩踏みしめる堅実な思考は、超越に身を委ねる大胆な思考に劣らず飛躍を内に秘め、断絶を埋めようとしながら果たせない苛立ちを発条《ばね》に思考を進める。近代が直面する哲学的問題は、近代固有の特徴があるとするなら、そうした苛立ちから――つまりロック（John Locke, 1632–1704）の言う「落ち着きのなさ」[*4]（uneasiness）から――生じるのであり、もはや「驚き」からではない。そのような意味で、技術の問題は、現代の近代的な思考にとって特徴的な論点である。もとより技術の問題〈技術を問題にすること〉は、技術の諸問題〈技術が引き起こす諸問題〉からはっきり区別されることはないのだが。なるほどわれわれは技術の存在論や神学、そして何よりも技術の悪魔学《デモノロギー》をこれまで散々考察してきた。しかしこの手の考察もたちどころに飽きられ、いまとなっては「技術」という言葉は、技術者の口から聞くだけで事足りるといった風潮を生んでしまう。しかし哲学的営為の創造性は、近代では哲学の土壌となる「落ち着きのなさ」〈違和感〉が産まれ続けるところでこそ育まれるのだ。

およそ語られないもののないほど、おびただしい言説や刊行物が流布しているにもかかわらず、技術の問題は隠されてしまっているようだ。探究が行きすぎる場合、いまだ探究が手付かずのところ（ギリシア人にとって世界とはそのようなものだった）よりも、問題はいっそう隠れてしまう。哲学はいつでも自信満々に、哲学的問題の解決に貢献していると思い込みがちだが、実は、いまだ自力で問題を発見すらせず、それればかりか、問題を自明なものとみなしかねない。本来なら、哲学はそうした状況を痛切に悟り、失望を糧にしなければならないはずであったのだが。この状況では、いくら警告の声を発したところで、大多数にとっては瑣末で厭わしく、青臭くて煩わしいものとみなされるのがおちである。例えば二十世紀の初頭に、エトムント・フッサール（Edmund Husserl, 1859–1938）が発した「事象そのものへ」という警告がちょうどそのようなものだった。哲学は、あらゆるものを批判し尽くすと、さらに遡って、哲学と対象との関わりをも精査しなければならなかった。エルンスト・カップ（Ernst Kapp, 1808–96）の、その名も『技術哲学概論――新たな観点から見た文化の成立史』（一八七七年）なる著作が刊行されてから一世紀が経とうとしている。まさしく「技術哲学」の時代とも言われるこの一世紀のあいだ、われわれは、技術にとっての「事象そのもの」が何であるかは自明であると、根拠もないまま確信してきた。事象そのものは、カップがその著作の冒頭に記した銘――「厳密に考察するなら、人類史は最終的に、より優れた道具の発見の歴史に尽きる」[*5]という主張――を一貫して展開することを通じて規定された。

「技術」という概念を目にすると、われわれはあれこれ一連のイメージを思い浮かべる。器具、乗り物、伝動装置、蓄電池、手動・自動の機械、接続のリード線、スイッチ、シグナルといったもの、つまり身の回りで作動する事物の総体である。これらをいくら完全に分類して理解しようとしても、なかなか上手くはいかない。そもそも「技術」という概念が、何を指しているのか判然とせず、あたかも唯名論さながら、名前だけ分かった気になって流通しているのだからなおさらである。「技術」概念がこのくらい大まかに用いられている以上、「技術化」も差し当たりは、技術にまつわる事物の世界の拡大、ないしは高密度化と理解されていると言えるだろう。

1　技術の問題

ところで、技術の「問題」とはどこにあるのだろうか。あるいはそもそも問題など生じうるのだろうか。技術上の事物はことごとく人為的に設計されている以上、仮に問題があるとしても、それは欠陥の改良や解決といった技術上の課題であろう。しかも、設計案はその原理から理解できるのだから、事実上、問題など存在しないように思える。樹木を観察する場合、樹木は常に予測不可能な要素を抱えており、理論的に捉えようとしても、その探求には終わりがないのは現代では常識である。ところが機関車を観察するときは、目にする事物に関して完全なデータが工場の設計事務所に保管されているというわけである。

技術の問題とは、数ある技術的成果の「副」産物にまつわる難題をひっくるめて指しているように思える。交通事故や機械の騒音、工業設備の排気ガス・廃棄物・廃水があげつらわれ、われわれが機械に振り回されている現状や、工場労働の画一化を含め、自然の生活リズムの攪乱などが挙げられる。技術を楽天的に捉える人びとは、問題をこのように規定し、それで片が付いたと考えてしまう。すべては詰まるところ、内在的・技術的な問題であり、とうに技術的に解決していることが多く、単にまだ経済的に採算が取れないとか、世間的な認知度が低いせいで実現していないだけだからである。問題をこう整理したところで、技術の問題は少しも鮮明にならない。このような理解に立つなら、技術的な事物や成果が現状で達している水準はいまだ技術の名に値せず、技術の本領からはほど遠いという見解に落ち着くのが関の山だろう。一九三六年にチャップリンの辛辣な諷刺映画『モダン・タイムス』は、機械が人間を奴隷のように酷使するといった技術の暗黒面を、圧倒的なイメージで描いてみせた。だが技術を知る事情通はとうに承知していたことだが、人間らしさを奪われた作業員がレンチを握って必死でベルトコンベアーに縋り付いているイメージは、技術の設立と維持のために技術以外の条件が必須であるかのように描いている点ですでに時代遅れである。このような見方を元に技術に賛否を唱えようとするなら、結果は分かりきっている。要するに、技術の制限や克服ではなく、技術の原理の「拡張」こそ促進しなければならないということになるだろう。すると、ここで最

初に言及したい第一級の人物はルソー（Jean-Jacques Rousseau, 1712–78）である。歴史が不可逆であるという事実を見据えて、ルソーは同時代の社会状況に向けて批判を展開しながらも、なおかつその状況を支えている原理をむしろ全面的に徹底すべしとの要請を掲げていたからである。[*6] ルソーは、批判者ディドロ（Denis Diderot, 1713–84）に噛みついて、自然への回帰を望んだどころか、人間の社会化という仕組みの中で、どこまでも人為を徹底することを要求したのであった。「最初の人為が自然に加えた悪を、完成された人為が償うことを示そうではないか」[*7]。

ここから分かるように、歴史主義こそが、歴史の不可逆性を盾にとって、文化批判・社会批判と手を携え、近代が内に秘めた力を発揮させた張本人であったし、現在もなおそうである。技術化を支えてきた意識もまた然りである。

しかし、こんな批判をどれほど重ねてみたところで、問題の切り口が間違っている以上、「事象そのもの」が姿を見せるはずはない。加えて、すでに触れた「技術」対「自然」の二項対立が横行しているために、技術という「事象」はいよいよ見えにくくなっている。さらに少々先回りするなら、ギリシア以来の伝統において、技術と自然の両概念が絡み合っているのも、技術の事柄を見えづらくしている要因である。[*8] 自然と技術は連動しているため、自然の概念が、対象産出の原理を表す概念から、生産された対象そのものの総体へと転移され、「能産的自然」(natura naturans 創造するものとしての自然)の重視から「所産的自然」(natura naturata 創造されるものとしての自然)の強調へと変化するにつれて、技術の概念も同様の概念史上の変遷を遂げてきた。ギリシア人が「技術《テクネー》」と言えば、それは普通、何らかの成果や産物を生み出す能力や技倆のことであり、しかも、模倣《まね》して習得できるものを指している。それは今日でも、例えばスポーツで「技術《テクニック》」と呼ばれているものに相当する。ある事柄を習得するには、その事柄そのものを真に理解したり、処理の仕方をその事柄の本質まで遡って考えたりする必要はない。技術の習得はそのようになされるため、対象の技術的な習熟は、理論的・学問的関わりから区別されるにいたった。とはいえ、代々行われてきた習得と模倣の伝播《リレー》を遡って辿れば、最終的には、物事をしっかりと理解したうえで技倆を編み出し、事柄を認識することで適切な対処法を築きあげた創始者に行き着くはずである。そう考えれば、技術と知識、技倆と理解は元を辿れば同じであり、元来は分かちがたいものであった。

　事柄の理解〔認識〕と事柄の処置〔技術〕との分離は、古代ギリシアで、ソフィストの弁論術〔修辞学〕に代表される考え方とともに、提案とも試みとも言える漠然とした可能性として提起された。紀元前五世紀後半のこと、政治と法学の領域においてではあるが、「技術」なるものが、他から分離し独立した類型として初めて発案された。ソフィストは、われわれがそれを身に着けさえすれば、適切な振る舞い方が分かるという、その種の教養を提供すると約束したのである。伝統的な格式に則った決まりごとやら、それを守る理由や必要やらを気にせずとも、いつでも好きな目的を実現できるような勘所《こつ》や手練《わざ》を体得するのが、彼らの言う教養であった。ところが、ソフィストの獅子身中の虫とも言うべきソクラテスが現れて以降、われわれの伝統はおしなべて、ソフィストに対抗する反対運動一色に塗り替えられた。こうして、〔ソフィストの提案とは反対に〕すべての能力は常に認識の地平に縛られて、技倆全般はそれを支える思想と組《セット》で理解され、ある事柄が適切であるかどうかは、そのものが正しいかどうかによって計られることになった。哲学は自身を弁論術から切り離すことによって、古代において典範《クラシック》という高みにまで昇っただけでなく、弁論術をそれ以降、真理や善としての存在者には関わらない単なる技術として貶める思想的な根本的確証を獲得したのである。こうして、理論的な観照こそが人間の理性にふさわしい態度として尊重されるだけでなく、人間が触れたり変えたりできない領域こそが神聖であると考えられたため、技術や人工は自然と対立するようになった。それどころか、人工は自然に由来し、自然を模倣することで初めて意味をもつとも考えられるにいたった。そのため、古代末期や中世後期のように、自らが絶対的であろうとする哲学の要求が衰退する時期には、哲学と弁論術、理論と技術、「学知」(scientia)と「技術〔技芸〕」(ars)の分離は認められない。そのときには「諸技芸」(artes)が自立して哲学を名乗り、人間がなしうるすべてを、それがなぜ可能なのかを最終的には知ることがないまま、誇示することになった。哲学はそれぞれ、古代末期には懐疑主義に、中世末期には神秘主義に行き着き、自己の正統化を考慮しない能力〔技芸〕に道を譲った。それらの時代のいずれにおいても、技術者は幾何学者と同様に「哲学者」(philosophus)と呼ばれているのが確認できる。[*9] そこで哲学は、最も広い意味で語られる「技術〔技芸〕」に対抗することによって、自らの存立を主張することを運命づけられた。

伝統的な問題設定が、自然への問い、あるいは(「人為的なもの」の概念を共通の基盤とする)技術と芸術への問いという、対立した条件に拘束されているのは、以上のような歴史的な前提が働いているからである。そのため、「自然らしい自然」が問題とされるのだが、その問題は、人間が世界の中で生きるとき、自らの根源的規定と位置づけを見定める規範を探し求める中で問われるのである。その際「人為的なもの」は、自然という最下層の上に積み重ねられたものと理解され、「引き算」すればまた取り除くことができるとみなされる。ルクレティウス(Titus Lucretius Carus, ca. BC 94–ca. 55)は、教訓詩『物の本質について〔自然学〕』第五巻において、人間が技術化される以前——つまり、自らの発明によって文化的状態にまで堕落し歪められる以前——の生存状況を描き、近代風のあらゆる文化批判に浸透したイメージを提示している。[*10]

火の発明と保持といった人間の原始的行為から始まって、犁や農耕、衣服や住居、共同生活の形態や習俗・法律、結婚、言語、財産や宗教などの一連の重要な「発明」(inventiones)は、さらに伝統を経て多様な形をとり、独自のやり方で姿を変えてきた。文明という表層を取り去ると、ルクレティウスの言う原始の人間が現れる。それはいまだ動物の世界と大差ないし、最初から人間の特殊性をもってはいても、いまだ動物の生活そのままの姿で生きている(「彼らは野獣のような生活を送っていた」(第五巻九三二)。いうなれば人間は、元々の生まれついた本性からすれば、技術をもたない存在であり、ひたすら自然の環境から与えられたものを享受するだけであって、癒されることのない欲求やら、驚きや怖れやら、疑問やらを抱くことはなかった。しかしいつの頃からか逸脱が生じ、人間は自然が与えてくれるものとは別に、自分の生存を独自に形成し、要求と探求心をもって自然的所与の敵対者《ライバル》たらんとする原罪に陥ったというのである。「人間たちは……権勢家になろうと欲した」(第五巻一一二〇)。自らの世界を、自身の創発にもとづく「新たなもの」(novae res)や発明品で満たし始めたとき、人間は自然の状態を拡充し実現し始めたわけではなく、むしろ分相応の条件の下に世界で生きる自然的存在であることを辞めたのである。このような見立てが文化批判の可能性をもつことは一目瞭然だろう。そうした可能性を十全に引き出すことにかけては、ルソーには何かが欠けていた。それはとりわけルソーが、人間は過剰さを欲求するという事実——ルクレティウスにおいてはいまだ理解されていなかった事実——を、キリスト教によって自覚された堕罪、および楽園喪失のイメージと結び付けていたからである。このかなり厄介な混合は、技術に支配された文化的世界と、近代の人間の二義的な関係を根強く規定する。しかしそこで決定されたのは、理解の道筋というよりも、むしろ評価の道筋である。なぜなら、堕罪のモチーフは周知のものだとしても、自足した自然状態から創意工夫の育成へと転じる移行は、理解不能か、憶測にもとづく理解でしかなく、その意味では、ルクレティウスが、原子の渦動によって世界が産み出される過程を「運命」(fortuna)と呼ぶのと大差ないからである。ここで「移行」が問題にならざるをえないのは、ある対象領域としての「技術」ではなく、過程としての「技術化」をわれわれが語ろうとしているからにほかならない。

自然界の内に出現し、自らの産物によって本質を裏づける人間は、火や道具を使用し、その痕跡を残すことによって、つまり「工作人《ホモ・ファベル》」と定義されることによって、初めて明示的に認識されるが、こうした規定を、哲学的・生物学的人間学の成果として自明視するなら、「技術化」の過程という問題が見えてこないのは当然である。自然と技術を二項対立に仕立てて、文化の表層を引き算すると自然がその差額として残ると考えたり、人間が「自然本性的に」技術力をもつと前提してしまうと、歴史の中で自発的に導入された「技術化」という過程がはらむ問題に接近することはできない。技術化の過程とは、もはや人間と自然との理解可能な関係に関わるものではなく、その逆に、欠損だらけの自然を前にして、自然が人間の要求に服従するように、容赦なく強制する過程なのである。

2　現象学の問題意識

方法論的に見れば、現象学的な思考法が要請される場合、形而上学的な人間学の成果に規定された古い問題設定が放棄されるのは当然である。というのも現象学的な思考は、この問題においても「無条件的な始まり」の哲学を導入しようとするからである。これまで純然たる非歴史的な始まりは存在していないし、そもそもそうしたものは実現不可能である。このことをわれわれは、デカルト（René Descartes, 1596–1650）以降の経験を通じてかなり意識するようになった。それでもなお、こうした無条件性の要求という拘束は、いつもわれわれに訴えかける理念であり続けている。

われわれが知っている現象学は、エトムント・フッサールによって示された方法的形態のままで、技術化の問題に何らかの手がかりを提供するのか、そしてこの問題はその深刻さに照らして、きわめて根本的な現象学的分析の領域で扱われるものなのかが、問われるべきだろう。一九三四年から三七年のあいだに執筆された後期著作『ヨーロッパ諸学の危機と超越論的現象学』を見ると、少なくともフッサール自身は、自らの方法のさまざまな成果がこの問題に関しても有効であるとみなしていたことが、紛れもなく窺える。それというのもフッサールは、同書で初めて現象学の形相的・超越論的手法による洞察を、われわれの精神的世界の歴史的発生の水準に適用しているからである。その際に、歴史的事実の領域は、ある隠れた意味連関——最終的にヨーロッパの歴史における目標追求の観念にまでいたる隠れた意味の繋がり——を開示するため、その徴候現象としてのみ活用された。そうした「目的論」(Teleologie)は、厳密な現象学的記述と分析の権限を踏み越えており、またその推測は当然ながらあらゆる疑念にさらされるため、自らその権利を証明しなければならないということは、とりあえず認めざるをえない。しかし思弁はけっして思いつきの虚構ではない。思弁はそれ固有の正当化の様式、ならびに適用のための独自の慎重さを必要とする。まずここで明瞭にしたいのは、フッサールのこうした晩年の思考が、現象学の当初の出発点とどの程度に一貫した関係にあるかという点である。[*二]

現象学は、われわれに何が、そしてどのように与えられているのかを記述しようとする。何ものかが意識に与えられ、それを端的に意識することによってこそ、われわれの意識なるものが成立するという単純な事態が、現象学にとっては、最も身近な事実として与えられる。このような瑣末にも見える事柄を表すために、フッサールはブレンターノ(Franz Brentano, 1838–1917)から「志向性」(Intentionalität)の概念を受け継いだ。この表現によって現象学は、対象を意識流内部のデータの連合として解釈する意識の原子論的把握とは区別されることになった。いまや本質として見えてくるのは、いかなる意識も対象を単に「持つ」だけでなく、対象のそのつど可能な十全な所与性を志向しているという点である。意識の働きは、一定の意味内容に方向づけられた遂行構造であり、不断の目標追求に促されている。この目標追求は、ただ名辞に訴えるだけの空虚な思念から始まり、他の規定の可能性をもはや許容することのない、充実した直観へ向かう。われわれの日常の実生活ではもちろん、こうして対象を充実するような遂行は、いつでも中断され、やむなく断片的な直観、指示や命名、公式や記号に甘んじてしまう。しかし理論的要求は、いったん自力で作動し始めてしまえば、もはや迷うことなく、対象を捉えるために選択可能なパースペクティヴをくまなく検証しようとする。意識は、目の前のものをじっと見ることで満足するのではなく、対象の内側に切り開かれるさまざまな連関に沿ってあらかじめ描き出される方向を常に捉えている。さまざまな対象は、意識内容の寄せ集めではなく、意識内容の「根源的な同一化の可能性」であり、そのつどの「同一性の極」へと定位することとなるのである。*12

容易に分かることだが、十九世紀末の心理学が意識をメカニズムとして把握しているのに対して、フッサールは意識現象に関して、始めから意識の目的論に向かうような解釈を対置している。こうした成果をフッサール自身が初めて提示したのはずいぶん後のことだったが、そこにいたる道は、後期著作を通じて洗練された眼差しの下で、「対象」の問題系を「対象地平」の問題系へ拡張する過程ですでに把握されている。対象を自己充実する直観の構造の内にフッサールがまず発見した根源的な定位の構造や自己指示の諸連関が、「対象地平」に反映している。対象経験の運動は「内的指示」(Innenverweisung)に従っており、これに対応するのが、対象地平の内部で経験を導く「外的指示」(Außenverweisung) である。この「外的指示」は、現実の所与の存在の内に常に共に含まれている経験の進行の類型に依拠している。こうした指示構造はもちろん、所与との破綻も矛盾もない合致を前提しており、それをフッサールも経験の「普遍的な規範整合性」と名づけている。この「普遍的な規範整合性」にもとづいて、われわれは、所与を現実性と評定するとともに、それを自らにも当てはめる。しかし地平構造は、こうした否定的規定の統一にとどまらず、形態学的規定のようなものでもある (VI, 464)。意識の志向性は、究極的にはあらゆる地平を包括する地平において充実される。その最も包括的な地平の地平とはすなわち、一切の可能的経験の統制的な極理念としての「世界」であり、経験の一切の可能性を究極的な統一性において保持し、その内部で経験の所与性が初めて現実的なものとして確認されうるような体系である (VI, 283)。フッサールは最初期の分析で、感覚主義が言うところのセンス・データを、対象の基底層と不可分の徴表として記述していた。それは、「尖鋭化〔際立たせること〕」[*13] (Pointierung) と呼ばれる作用によってのみ、現前化されうる。それと同様に、あらゆる地平の地平としての「世界」においても、対象的事象は、尖鋭化と類似した作用において単独化され、際立たせられるのである。われわれの主題の連関ではさしあたり問題なのは「自然」だが、この自然もまた、そうした尖鋭化の成果である。したがって「自然」は、根源性という点で世界と並び立つものではなく、派生的で、あらかじめ狭められた対象地平なのである。自然は、ここからすでに暗示されるように、技術の対立概念ではありえない。というのも、自然概念そのものの内に、あらかじめ根源的な世界構造の変形と尖鋭化までが組み込まれているからである。

フッサールは後期著作において、意識の志向性に見出した手がかりを歴史へと拡張するが、これこそ決定的な一歩である。こうして地平構造はようやくその十全な意味を獲得する。それによってこそ、文化共同体全体の記憶が、一切の経験にともないつつ現前していると考えられるし、そこには伝統の遺産のみならず、ある特定の方向をもった可能性を意識することで生じる将来への期待も含まれる。初期フッサールは『論理学研究』で、事物の知覚に即して、このような一貫した「全体的志向性」が「部分的志向性」によっていかに補完されるかを示しているが、フッサールにとってこの図式が本来の照射力を全面的に獲得するのは、歴史的対象に関わるときであった。現象学者の眼差しの前では、歴史は確かな事実という見かけを失う。そうだとしたら、現象学者にとって、人間が歴史を有する意味とは、たとえ世代や時代が移り変わっても、人間は、けっして消去しえない意識の根本構造に根差し、志向性の延長線上にあるということなのである。フッサールの一九三六年の草稿[*14]〔「幾何学の起源」〕は、早くも一九三九年にオイゲン・フィンク（Eugen Fink, 1905–75）の手で公刊されたが（VI, 365ff. [490–534]）、その草稿でフッサールは、自身の意図に沿う事例として幾何学の歴史を取り上げ、歴史を「内的な意味構造」と見る自らの見方が、単なる事実的歴史学とどれほど異なったものであるかを強調した。「事実に関する歴史学が不明瞭なままにとどまっているのは、それが常に素朴にすぎさま事実からのみ推論を行い、そうした推論がことごとく依拠している普遍的な意味の地盤をけっして主題化せず、この地盤に具わる強力な構造的アプリオリを探求しなかったからである」(VI, 380 [522])。

ここで求められる「内的な歴史」は、「理性の普遍的目的論の最高度の問い」(VI, 386 [534])を単に目指すことができるというだけでなく、ぜひともそれを目指さなければならない。それゆえ、現象学の最終的な帰結としては、「歴史」という対象は次の表現に集約される。「歴史とはもともと、根源的な意味形成と意味の沈澱が相互に共属し内属し合う生き生きとした運動にほかならない」(VI, 380 [521])。

しかしこうした歴史の規定は、ただ学問的・理論的確定の問題ではない。ここでは、歴史の中に生きながら、なおかつ歴史を共に遂行しているもろもろの主体すべてに課せられた自己規定や自己責任の確定と同時に、歴史の中でそれらの主体が果たす役割をめぐる自己理解を自ら規定することが問題になっている。いまや技術の問題が本質的に、歴史に対する人間の責任に関係していることは明らかであり、いまだ十分に感知され理解されているとは言えないが、技術が人間の生存を現実に規定し、その可能性すら定めていることも明白である。

3 生活世界と理論化の動向

フッサールの歴史の捉え方は、デカルト的伝統から本質的な部分を受け継いでいる。そのことは、フッサールが意味の根拠づけと意味の展開の過程とみなした歴史が、ひとつの始まりをもっている点から窺える。もっとも、これはけっして自明なことではない。なぜならわれわれは、個々人が常にすでに歴史に「取り込まれて」おり、それゆえこの始まりを断じて経験しえないことに思いいたるからである。とはいえ、デカルトに信頼を寄せていたフッサールは、長らく近代の創始者と目されてきたこの思想家の決断をひとつの模範とみなした。すなわち認識という仕事を、一生に一度は、しかも断固として、まったく手つかずのところから抜本的に始めるべきだという決断である。ここでは、フッサールのデカルト主義を云々する議論に立ち入る必要はない。[*15] それでもデカルトのくだんの決断が、フッサール自身の試みを実に強く刺激し続けたのは疑いようがない。それゆえフッサールは、ゼロから始めるというデカルトの決断を、ギリシア人が最初に理論的態度を獲得したヨーロッパの精神史全体の「原創設」(Urstiftung)になぞらえることができた。ここで「態度変更」(Umstellung)を語る以上、そこには、いまだ理論的な特徴はもたないが、「自然なありのままの態度、つまり根源的に自然的な生の態度」を具えた、ある先行的状態が前提されている。そしてこうした状態は、「文化の第一の根源的に自然的な形式」に対応している(VI, 327)。ヨーロッパの歴史は、「ヨーロッパの人間性の意志的生の確固たる様式《エートス》」への決意に発する(VI, 326)。このような歴史の始まりのイメージは、哲学遂行と人間像の指導理念に間違いなく対応しており、フッサールにとってもその指導理念は規範的意味をもっていた。しかし、現象学ならびに意識の志向性の現象学的概念を立ち上げ、展開するに当たって、こうした理論的態度の「始まり」を想定しながら、「始まり」に先行する異質な位相を設定し、世界に対する人間の根源的に自然的な態度を「始まり」に先立つものと考えるのは、一種の矛盾である。確かに、意識の志向性の本質に従って、意識が直観の充実を目指すとすれば、「志向性の究極目的《テロス》」は、生のさまざまな他の要求や必要性に迫られて、究極の要求を満たせないばかりでなく、認識もされないままである。しかし究極の目的は、新しいものとしていわば発明されるのではなく、むしろその志向性の含意からのみ取り出され、「理念的課題」として定式化され、承認される。意識が志向的であり、直観を充実する可能性、すなわち明証性の可能性が、その所与の統一を規定するとすれば、自然で前理論的な原生状態というイメージは神秘的な虚構にすぎない[*16]。

フッサールの「生活世界」は二義的である。「生活世界」は、理論的態度への変更が始まる歴史的出発点であるとともに、重層的な関心の中で分化してゆく生にとって、常に共に現前する基底層でもある。「生活世界」の概念は、この二義性ゆえに、ある危険を——すなわち「自然的本性」に類するものを見出しては、それを根源的かつ本来的に欠損を抱えた生の規範として提示する、終わりなき一連の虚しい試みへとわれわれを駆り立てる危険を——ともなっている。これに対してフッサールは、生活世界を「あらかじめ与えられているもろもろの自明性の領界」と定義した（VI, 183［328］）。とはいえフッサールの場合、「自明性」はけっして積極的な価値をもつものでもなければ、疑いの余地なく確固たる生存の安定を表現したものでもない。反対に、自明なるものは「自明化」の対立概念である。フッサールにとっては、この「自明化」こそが、現象学的哲学の本来の課題でなければならない。自明とは、理解不能なことが何ひとつ残っていないことだけを言うのではない。それにとどまらず、自明性の領域に介入してくるすべての問いを越権行為ないし知的遊戯として斥け、自らを守りとおす領域確保を意味するのである。有史以前の世界とみなされるか、共同世界とみなされるかはともかく、生活世界はそのような性格をもっている。生活世界は、それぞれの時代における無尽蔵の貯蔵庫、つまり疑問の余地なく眼前して信頼され、信頼されているがゆえに未知であるものを無尽蔵に蓄えている貯蔵庫である。生活世界におけるあらゆる現実は生へ作用し、利用され消費され、求められたり回避されたりするが、その偶然性に関しては隠されたままである。そうした現実は、別様でありうると感じられることはない。フッサールは、「世界の存在の普遍的自明性を……理解可能にすること」(VI, 184 [328]) をヨーロッパ精神史の意味とみなし、自身の現象学こそがその歴史的意味の充実を自称し、「自明性を……超越論的な問題性へと移行させる」(VI, 187 [334]) ものと理解する。そうである以上、自明性の自己主張の総体としての生活世界は、フッサールにとっても何ら最終的な救済地点ではないし、ヨーロッパの歴史が近代固有の危機に陥ったのは、生活世界そのものが解体されたからというわけでもない。むしろ、この解体のあり方が問題なのであって、この解体が不当に濫用されたせいでヨーロッパの歴史が危機に陥ったと言ったほうが、フッサールを正しく理解したことになるだろう。プロセス全体が危機的様相を呈したのは、生活世界からの離脱を決定づけた理論的な態度変更のためではなく、その態度変更の遂行上の不徹底のためなのである。技術化も同じように、生活世界に対する代替案ではなく、理論的な態度変更の不徹底を体現している。こうした分析をさらに推し進めると、技術を「応用」学とみなす、きわめて自明と思える規定の正体も明確になるだろう。フッサールにとって技術化とは、明らかに学問の現象形態を指す。技術化とは、自己洞察と自らの意味理解をいまだ獲得していない、あるいはすでに喪失してしまった学問の現象形態なのである。自明性が隠蔽されている状況では、発見のための適切な手がかりをあらかじめ探究しない限り、生活世界の捉え直しは成功しないだろう。フッサールの場合、「自然的経験」と呼ばれるものを免れるものは存在しない。むしろ重要なのは、自然的経験に掛かる負荷を知り、引き受けることによって、われわれに課せられたあらゆる負荷を検証可能にすることである。すべての自然的経験がすでに「抽象というひとつの方法」を遂行しているのであり、これがやがては、「哲学的思考を単なる抽象物の絶対化へと誘い込む」のである (VII, 184)。

フッサールは、近代自然科学の根底で働く特定の抽象化を、近代自然科学の本質とみなしている。しかしその本質は、ヨーロッパ精神史が進行する段階で陥った過誤などではなく、直観の狭隘化という、自然的経験の内にすでに潜んでいた事態から、後世になって引き出された帰結にすぎない。したがって生活世界には、神話的楽園の安逸や充溢もなければ、楽園につきものの無垢もない。フッサールが「生活世界の純粋本質学という大きな課題」を見据えた際（VI, 144［252］）、そこで問題になったのは、〔前期フッサールのように〕理念性といった特質をもつ対象を獲得することではなく、ある種の限界表象を手に入れることであった。すなわち、歴史の無歴史的な始まりの構成、あるいは理論以前の「先史」の構成に対応し、それとともに思考における根元的な始まりを正当に「反復」可能にするような限界表象が問題なのである。――ところが結果は正反対であり、そうならざるをえなかった。デカルトやベーコン（Francis Bacon, 1561-1626）にとって、「始まり」の問題ははるかに単純であったし、スコラ学の超克を意味するものにほかならなかった。彼らにとって過去の時代全体は、膨大な偏見〔先行判断〕という重荷であったが、その重荷が苦もなく取り除かれてしまえば、あとは無前提のところから新たに構築するだけでよかった。フッサールも、ゼロからの始まりという熱意《パトス》に取り憑かれ、それを「自由変更」という方法的要請と結び付けた。「自由変更」においては、世界の複合的表象は、任意に操作し処理可能な構成物とみなされた。生活世界という限界概念によって、無制限な形相的変更（Variation）は記述の方法へと、そして「想像変更」（Umphantasieren）は「体系的概観」へと転換される（VI, 150［264］）。つまり生活世界とは、現象学の主要な方法的手続きであるいわゆる「現象学的還元」を一貫して洗練する過程で発見されたものなのである。この還元によって、意識の直接的所与に帰属させることのできない一切の定立は遮断された。とりわけ、意識から独立した世界の超越的実在の「一般定立」が遮断される。還元という手段をどこまでも研ぎ澄ますなら、その操作を通じて明らかになるのは、これらの定立の「遮断」で現象学が完了するわけではなく、むしろ定立が意識の構造に根ざしていると「理解」しなければならないということである。「一般定立」の概念の内ではなおも、初期現象学において意識が最初に取りうる立場と考えられたものがイメージされている。すなわち、意識が取るこの最初の立場は、われわれがそれを見るがままに、熟慮を経ず無根拠に、また必然性もないままに、実在する外界という臆見《ドクサ》を選び出してしまう。とはいえこの最初の意識は、これらの定立を断念することもできれば、また別の定立を選び取ることもできる。現象学的還元という「括弧入れ」においては、日常生活の遂行の事実的定立から離れて、形相的考察の領域を開くために、留保《エポケー》がなされる。こうして留保されたものは、ますます充実した意義を獲得し、現象学の眼差しを惹きつける。しかし最終的には、ある特定の意識状態の事実、すなわち生活世界の意識状態の事実が、もっぱら現象学の関心になり始め、現実性に対する可能性の優位という、元々は現象学によって成立した思考形態に終止符が打たれる。現象学は、事実に突き当たれば、たとえその事実が完全に超越論的な問題設定に分類されるとしても、ただちに記述という本来の課題へ立ち返らねばならない。〔想像による〕虚構はもはや「現象学の活動現場」ではない。「本質探求を自由に展開するには、必然的に想像による操作」が必要であるといった見解も、もはやここには当てはまらない（III, 162f.）。意識そのものの志向性について語ることによって、いまや説明しなければならないのは、なにゆえに意識はその本質的な方向をいわば自動的に充実するのではなく、むしろ繰り返し「理性化を目指さ」なければならないのかといった問題である。いまやフッサールの語る「自明性の領界」は、現象学的な目標の総括概念として根源的に追求される「思考可能性の領界」[*17]の単なる対照概念ではない。生活世界の領界は、自由な態度によって選び取られたものでも、選び取られうるものでもない。生活世界の領界から離脱するには、態度変更による以外にはない。フッサールによれば、ヨーロッパ精神史の始まりにおける「理論的態度変更」によって、このような離脱が生じたのである。この生活世界は、もろもろの世界のなかの唯一の事実であるため、「私は……世界を超えた地点に立っている」(VI, 155 [275])などと言うことはできない。生活世界は、自明性の承認をその定義の一部としている以上、その妥当性を勝手に取り消したりはできない。そのためフッサールにおいて、生活世界は事実的な歴史的世界から徹底して区別される。なぜなら事実的な歴史的世界は自由な想像変更によって、「さまざまな思考可能性のひとつ」として考察することができるし (VI, 383 [528])、現象学こそが、この歴史的世界の事実的な経過と状態に関して、その意味の方向を修正する希望を覚醒させるからである。

4 科学による生活世界の隠蔽

ここまできたところで、われわれはすっかり主題の見通しを失ってしまったようだ。というのも、生活世界はやはりあいかわらず理論的解体の前提となる事態とみなされ、もっぱらそこから議論が展開されているからである。これは、技術化とどのように関係するのだろうか。だがわれわれはここで、フッサール現象学の観点から問題を分析する独自の可能性に突き当たる。生活世界とは、自明性の領界と呼ばれる限り、それ固有の事実性が本質的に蔽い隠され、隠蔽されるという事実を指している。とはいえ、そこには別な意味合いも含まれる。生活世界から離脱する態度変更、とりわけ理論的態度変更は、眼前に直接与えられた現実を、その事実性に関して明白にしなければならない。理論化の運動は、生活世界の偶然性を追い払い、それが強力な刺戟となって、遅くとも古代の末期には世界をめぐる問いを切り拓いた。すなわち、この世界の事実が、現にわれわれが見ているような姿で存在しているのはなぜなのか、という問いである。ところがフッサールは、自らの論究によって明らかになったこのような視点で技術化の問題を考察することはなかったし、それ以上考察を進めることもなかった。この問いに関してフッサールは、近代技術は近代自然科学の発展なくしては考えられないという、普通に見れば実に妥当な歴史的見解に縛られていた。技術と科学の相互関係について、長いこと流布してきた解釈によれば、技術は自然科学の純粋に理論的な成果をすべて再活用し、自然科学を構成するさまざまな可能性を自律的に発展させる。すると技術は、理論的成果のさまざまな応用の総体と規定できる。しかし今日歴史学的に見て疑いようのないことだが、自然科学的な問題設定という特殊なアプローチには、近代の始めから、技術的な要素が含まれていた。どのような場合でも、自然科学における仮説とは、解明したい現象を再現するための手順を指示するものである。実験によって、実際に現象と一致するなら、仮説は理念的に検証されたことになる。このような観点のもとでは、現象が実現する際に、自然そのものが常に同一の経過を辿っているのか否かは、あえて問うまでもなかった。

近代自然科学と技術の関係をその成立過程に即して捉えるこうした見解は、歴史的にはしっかり確証されてきた。しかしフッサールは、それを乗り越えようと本質的な一歩を踏み出した。フッサールのテーゼは、おおむね次のように要約してよいだろう。技術化は何よりもまず、生活世界の解体から、唯一的で正統とは限らないが、ともかくひとつの結論を引き出す内在的・理論的過程である。このテーゼを確証するため、フッサールは、近代的な学問理念に関する一種の「内在的歴史学」を提示しようとする。フッサールにとっては、こうした理念が自然科学によって模範的に現実化されたというのは自明の事実などではない。自然科学化の過程は、むしろある事実的な先行決定に根差している。それをフッサールは、次のように述べている。「近代の自然科学は物理学として確立されているが、その根底には、生活世界の内に物質的性格だけを見ようとする抽象化が一貫して働いている……。世界は、普遍的な一貫性をもって果たされるこうした抽象化によって、抽象的・普遍的な自然へと還元されてしまう。それが、純粋な自然科学の主題なのである。ここではとにかく、まず幾何学的な理念化が、次いできわめて広範な数学的理論化が、その意味の可能性を汲み上げたのである」(VI, 230 [408–409])。

こうして、フッサールの考える合理主義にはまたしても、意味の宝庫である生活世界をめぐって下される選択や、「事物」の物理的対象への還元といった主意主義的要素が認められる。しかしそれらはかならずしも主導的な動機ではない。確かにフッサールは、生活世界を地盤にして行われる前学問的認識の「合目的的な変形」を問題にしている（VI, 229［407］）が、そうした合目的性の目的がいったいどのようなものでありうるかについては語っていない。問題となる主意主義は、意志的に「基礎づけた」事実を意のままに撤回できるかのような印象を生み出しやすいし、実際にそうした主意主義の契機が一定の役割を果たしているのも事実である。しかし、「生活世界が与えられる素朴な経験は、一切の認識の究極の基盤である」（VI, 229［407］）といった一文は、生活世界から客体的世界への転換を生活世界そのものが有する動機によって理解すること、そしてそれ以上疑いえない意志作用の形態の内へ、「原罪」のような思考を持ち込んではならないという原理的要求を述べている。いずれにせよフッサールの分析は、この原初的な意志作用が、すでに一連の歩みの終局たる技術化を目指しているという説を肯定してはいない。むしろ〔客体的世界にとって〕構成的な操作的処置は、もろもろの変様と能作を積み上げる過程の最終段階で、いわば期せずして「出現した」もののように見える。この過程を支配している無自覚性は、ヨーロッパ精神史の目的論の理念とは対照的な役割をもつと考えなければならない。近代の人間は、技術の運命に無自覚なまま、そこに巻き込まれている。――この前提に立ってフッサールは、現象学こそが人間を見つめ直す機会となることを自覚する。近代自然科学は、すでに述べたように、生活世界の変形から誕生したという自らの起源を「忘却」し、しかも人間の認識衝動の究極的な形態を実現し、安定を確保するためにも、起源を忘却せざるをえない。近代自然科学が、生活世界からの事実上の逸脱に無自覚だというのは、そういう意味である。こうした歴史的制約が蔽われてしまうと、近代的意識において、精密科学こそが数学の助けを借りて、現象の背後にいわば隠された「自体的に真なる世界」を発見し、提示できるといった信念が形成される。生活世界の抽象化を経て精密な客体的世界が成立したという発生過程が隠蔽されると、自然はその本質を問われぬままに根拠づけられる。ここから、フッサールが求めた生活世界の批判的意味が納得できる。生活世界が自明性の領界として示されると、「自然」という派生物の自明性も憶測的で疑わしいことが看破されるだろう。そこから分かるように、生活世界は、自らに施された抽象化には一切関わりがないからこそ、こうした多角的な構築が可能になるのである。

　フッサールの見解では、精密に処理できる物質的性格をもった抽象的な対象世界がいかに成立したかは、数学的な記述方法で世界を形成する内在的な過程においてますます忘却される。これが繰り返されると、「形式化」が生じ、直観的要素が排除されることになる。フッサールがこの過程に用いた数々の表現のなかでも、ここでは「方法化」が最も適切だろう。フッサールにとって「方法」とは、隠れた起源をもつ遂行の伝統や伝承可能性を表す総括概念だからである（VI, 377 [514]）。知が、人間の生を純粋に把握する能力を高めるやいなや、認識を獲得する際のさまざまな前提は、確定済みの処方箋として引き継がれてしまう。そこで、根源的な基礎づけ作用を活用し取り扱う者が、それを再活性化できるかどうかがまさに問題となる。フッサールの見解によれば、古代の幾何学は、自らの起源が物質的世界の理念化にあることを自覚していた。しかし近代初頭に幾何学が受容された際、その根底をなす理念化は忘却されたままになった。こうした状況下で、獲得された手段を純粋に技術的に扱う道が開かれた。この道は、「幾何学の数学化」という脱意味化の第一段階へ（VI, 44 [83]）、さらに代数化という第二段階へ、そして最終的に純粋に形式的な「多様体論」、つまり「世界一般」の構成という第三段階へと繋がっていく（VI, 45 [84]）。

　以上の叙述から、技術化は理論的な基底層で生じる過程であるという結論が得られる。幾何学は結局のところ、「技術の規則に従った計算術によって結果を得るための単なる一つの技術」になった（VI, 46 [85]）。そのため当時早くもノヴァーリス（Novalis: Friedrich von Hardenberg, 1772–1801）は、真の数学は「ヨーロッパでは単なる技術に堕した」と嘆いたのだった。[*18] ここに挙げたテーゼは、〔生物学の〕専門用語を比喩に用いると、次のように要約できるだろう。精密科学が記述する自然と技術の世界は、「表現型」としては多様であっても、「遺伝型」として同一構造を具えている。これを形式的世界という。それはつまり、多様な世界がある根本的な意味の喪失を共有しているということである。理論的ないし構成的な諸作用は、その基盤と可能根拠である直観作用をひとしく欠落させ、空洞化している。技術化によって、「元々は生きていた意味形成作用」は方法へと「転化」される。しかしその方法は、追遂行をともなわないまま「原創設的な意味」を継承し、「意味の発展過程」を消し去ってしまったため、単なる機能をいくら充実させても、もはや「意味の発展過程」は認識できないところにきている（VI, 57–59 [101–104]）。技術は、第一義的に人間の活動から生まれる特定の対象領域ではない。技術はその由来からすれば、人間と世界の関係そのもののあり方である。「方法的意味」の支配は、理論化の過程が直観の基盤から引き離され、遊離した図式としていかなる基盤にも適用されるような機能変更を意味するだけではない。それはむしろ、所与としての世界の状態を偽装し、水平化することを意味する。フッサールはここで、「理念の衣装」という隠喩を用いている。「理念の衣装」は、「ひとつの方法にすぎないものを、真なる存在と捉える」ように仕向ける。[*19]技術化は、十全に規定された事物的現実性《レアリテート》へと、つまり広義の「機械装置」へと導く。しかしこれは二次的な現象であって、科学とその方法自体が「明らかにきわめて有用な事柄を成し遂げ、その点で信頼に足る機構《メカニズム》」とみなされたときには、それはあらかじめ決定され、先取りされていたのである（VI, 52 [94]）。技術の現象が実際の機械装置によって表現されるのは――直接の現実的関係があるわけではないが――けっして偶然ではない。計算機が、近代の機械的世界の最先端の夢であり、かつ実現の試みであったのもやはり偶然ではない。同様に、自動計算機の発達がやがて完成段階に到達し、自動計算機の処理能力が、事実上人間の頭脳ではもはや追いつけなくなっているのも偶然ではない。現代の世界は、完成品に関わることに慣れており、既成の概念や命題を扱う際には、自分でもよく理解できない厳密な方法に従いながら、ただその成功に甘んじるようになってしまった。とはいえ、かつてないほど完成の域に達した現状ではなすすべもなく、われわれは自らの製作物が上手く機能する条件を整えることに汲々としている。

フッサールは、学問的経歴と素質の点で数学者であったにもかかわらず、いまや数学の遂行と成果や、それらが可能にした自然科学を非難しており、そのまま歩みを進めて、できることなら数学化の進展を逆行させることを望んでいるようにも思える。しかしフッサールの課題はひとえに、人間がさまざまな意味での行為を行いながら、そもそも自分が何をしているのか分からないなら、その行為はどのような宿命を辿るかを、その典型的なケースに即して解明することである。いわば現実化された無知こそが、技術的世界において人間の活動が方向を見失い、袋小路に陥った元凶であることを暴露するのが、フッサールの狙いなのである。これは技術を悪魔的なものとみなしたり、技術を逃れがたい運命と捉えたりすることとは何の関係もない。純粋に理論的な学問領域は、それが偶然に実用化されることを、多かれ少なかれ歓迎すべき副産物とみなしている。理論的な学問領域の無責任性が真剣に問い直されるのは、実践を理論的蓄積への還元の一形態とみなすのではなく、「理論という名の実践」が主題になるような視点に立つときである（VI, 449）。とはいえ当然のことながら、こうした経緯には二通りの語り方が可能である。まず一つには、技術化へ通じる歴史の道筋は、近代初頭に不可避の運命として定められていたわけではないと言うことができる。他方で、フッサールが精確に規定した意味での技術化は、現在の状況下でも、いつでも修正可能な歴史の逸脱であると言うこともできる。フッサールにとって、この二通りの語り方は緊密に結び付いている。近代の構築のプロセスは一義的に決定できず、両義性《アンビバレンツ》をはらんでいるのである。

フッサールは、近代初頭の決定的な形態をガリレイ（Galileo Galilei, 1564–1642）の内に見ている。ガリレイにおいては、「学問以前に直観された自然を、理念化された自然で蔽い尽くすこと」が始まっている（VI, 50［91］）。ガリレイは、「発見の天才であると同時に隠蔽の天才」と言われるべきなのだ（VI, 53［95］）。――このような言い回しには、きわめて深い洞察が籠められているように思える。発見と隠蔽は、近代の思想的格闘の歴史において表裏一体の関係にある。近代における発見はいずれも、隠蔽を代価に成し遂げられたというのが、近代の精神史の法則のようなものではないだろうか。しかしフッサールは、こうした見解を否定したことだろう。フッサールならばそこに、〔発見と隠蔽の〕単なる事実上の融合を見たであろうし、それはある種の誘惑――最短経路《ショート・カット》を辿り、完成した機能を是認するという誘惑――に事実上屈することだとみなしただろう。しかしそれとは違って、起源に遡及する要求を立てることはできるし、意味の連続体を再活性化するという要請を満たすことも可能である。フッサールの語り方からしてすでに、この点ははっきりしている。フッサールの記述の中では、隠蔽が主題となるにしても、けっして破壊が語られることはない。また、科学は「生活世界の上の虚空に漂っているようなものである」(VI, 448) とフッサールが述べるとき、朧げではあっても、喪われた意味連関が描かれている。つまり現象学的分析の立場は、一挙にアンチテーゼにまで突き進んでしまうことはないのである。

5 機械化の過程

こうしてわれわれは、出発点に立ち戻る。技術はもはや、自然に対するアンチテーゼとして理解されることはない。われわれに言わせれば、技術は歴史との関係から理解されるのである。フッサールの考えによれば、人間は技術化を進めることで、根源的直観の上に成り立つ明白な実践的遂行——理論をも含む広義の実践遂行——に忠実たることをやめるのだ。人間はいわば「一か八か」を賭けて、先へ進もうとする。人間は歴史を省略する。これは、現象学の術語の枠内でいっそう厳密に定式化することもできる。技術化によって、人間は自らを悟性の可能性へと限定し、理性の要請から逃げてしまう。こうしたカント的な概念上の区別を、フッサールは意識の志向性と関係づけている。理性は志向の充実である。つまり理性は、対象をその充実した諸様相《アスペクト》において完全に所有することであり、そこまでいかなくても、少なくともそうした充実に向かって開かれていることである。

悟性は空虚な志向性、あるいは事象そのものと捉えられる思念との関係——フッサールの好む財務処理の隠喩で表現すれば、「国庫証券のみにもとづいた両替・換金の方式」——である(II, 62)。これに対して、志向性をもつ以上、意識にとって本質的に内的な傾向は、常に「悟性をまさに理性へと高めること」[*20]であり、証券を、その裏づけとなっている実質上の価値に交換することである。歴史はこうした傾向を決定し、具体化するが、技術化はその手順を破り、どこまでも「額面」を吊り上げ、名目上の価値や、無担保の手形を高騰させる。この隠喩を延長するなら、技術化は財産を正当化せずに資産を生むことであり、正当性を無視して支配力を発揮することである。

ここでは一例を使って、事象そのものから実際に見て取れること、明らかにされることを示してみる。「呼び鈴」というきわめて素朴な例を用いてみよう。古い呼び鈴の機械では、紐を引くタイプや回転式のものがある。この場合われわれは、これを動かせば、それに連動する効果を狙いどおり生むことを実感できる。というのも、動かす手と響く音のあいだには一貫した関連があるからである。そうした仕掛けを前にするとき、われわれはなすべきことを知っているだけでなく、なぜそうしなければならないかの理由をも知っている。ところが、ボタンで作動する電子チャイムの場合は話が違う。手の運動はその音響効果とはまったく繋がりがないし、行為と結果は質が異なる。われわれは音響効果を生み出すというより、それを発動させているだけなのである。期待される音響効果は、言うなれば、装置としてすでにわれわれの目の前に用意されている。われわれが迷わず使える気安さを演出するように、装置が作動する条件や仕組みは巧妙に隠されている。技術の世界は、いつでも使える安心感を演出するために、機能上のあらゆる条件に縛られることなく、ケースやカバーなど、何の変哲もない外見や蔽いで仕上げられた領域である。人間がなすべき動作はいつも似たようなものになり、理想的にはボタンを押すだけという最小限の行為に切り詰められる。技術化は、人間の行為からますますその特質を奪っていく。手動式の呼び鈴と電子チャイムの違いは、客観的に言えば、前者ではわれわれが回路にエネルギーを供給しなければならないが、後者ではすでに待機中の別のエネルギーをわれわれが利用するところにある。とはいえ、私はここでそうした単に物理的な問題のことを言いたいのではない。この文脈では、いかに直接的経験が所与として示されるかという、現象学的観点こそが重要なのである。「ボタンを押すだけ」という理想像の場合、洞察（Einsicht）（「覗き込む」[hineinsehen]というまさしく文字通りの意味）が失われていくことが逆に喜ばしいことになる。指示と作用、命令と所産、意志と成果といったものが最短距離で結び付くため、両者はあたかも、キリスト教以降のあらゆる創造の密かな理想と同じく、聖書の冒頭に登場する神の「あれ！」（Fiat!）を思わせるものとなる。機械を作動させるだけでよくなった世界では、特別な技能を必要としない行為はますます誰がやってもよくなるし、それどころか装置自体も見分けがつかなくなる。ドアチャイムの例に戻れば、階段の踊り場で、廊下の照明スイッチと「思い込んで」ドアチャイムのスイッチを押してしまうなど、誰しも身に覚えのあることだろう。さらには、こうした機械装置の背後には、人類の営々たる発見の前史があり、発明という営為がさまざまに絡み合っている。しかし機械装置というものは、ごく普通で均一の外観によってそうした複雑な背景を蔽い隠し、それに気づかれないよう「仕上げられて」いる。内部まで見えてしまうものは、製品としては「粗悪品」なのである。産業技術品の外見は、その機能の仕組みを見る代価を払っていない者、その資格をもたない者が内部を覗き込むことを拒み、好奇心からの問いを拒絶する。そればかりか始めから問いを禁じ、機械の仕組みや原理ばかりか、その存在意義を問うことさえも封じ込めてしまうように思える。いつでも準備万端で、指でボタンを押すだけで作動したり起動できる機械類は、自らの存在を——理論的な背景からも、それを用いる生命の必要や衝動という点からも——正当化することはできない。機械類は、発注し購入され、納品され、使用されることで初めて正当化される。目の前の機械は、意味を与えたり要求したりするような条件を内包しているわけではなく、それ自身がわれわれに、要求や意味付与を強制する。それに応じるには、われわれは状況に応じて技術を使い、動因や想定される効用のすべてのネットワークを人為的に構築しなければならない。このような操作が目指す理想は、人工の産物がまるで自然のように自明な装いをまとうことである。そうなれば、技術を正当化するのは必要で有意味なことではないのか、それこそが人間にふさわしいことではないかといった一切の問いは消え去るだろう。人工物は、自然に存在する事物とは質が異なるとはいえ、いまやある程度までは、「自明性の領界」である生活世界の一部に溶け込んでいるのだ。

生活世界と技術化の関係は、現代ではフッサールが思っていたよりも複雑になっている。フッサールの分析において発見の隠蔽とみなされたプロセスは、理論的な問題設定が自明性を失わせたものが再び無害なものになったときに初めてその目的に到達する。生活世界に根を降ろせば、カバーで蔽うよりもはるかに完全に、技術的な仕組みは目につかなくなる。技術化のプロセスは、生活世界から脱け出した理論的態度による基礎づけの繋がりを拭い去ってしまうだけでなく、生活世界そのものを統御し始める。その際、いかなる問いもいまだ立てられていない未知の領域は、もはや問いの立てようのない自明な領域と同一視される。こうした自明な対象領域に対する支配は、常に完了態にある技術のもてる力によって操られ、自然の力と肩を並べる技術的産物によって、いやがうえにも駆り立てられる。技術化のプロセスは、物事や成果を生み出すばかりでなく、生産対象とは思えないような「自明性」までをも産出可能とし、生活世界を、従属的な前提として自らの内へ取り込んでいく。こうして、技術化の過程に特有の「目的論」が顕わになる。

ここでわれわれは、現象学が「事象そのもの」の問いにいかなる貢献を果たしたかの分析をここで一旦やめて、『危機』書でのフッサールが技術化の問題に寄せていた元々の関心を考察しよう。その関心は、現代世界の診断よりも、むしろ治療を目指していたのは明らかである。〔ナチスによって〕ドイツ国内で沈黙を強いられ、なおかつ彼の現象学が〔弟子のハイデガーなどの〕実存論的存在論の流れによって乗り越えられようとする状況下にあっても、「哲学する」

という不朽の使命に対するフッサールの信念は揺るがなかった。技術化が発展することによって、次々と現れる最新の産物が、人間の生存の可能性をますます左右するものとなっている。そうした過程で次第に差し迫ってきた危機的状況を治療するというのは、フッサールによれば、その発展を逆行させたり、停止させることではなかった。フッサールにとって治療とは、何かを「取り戻す」ことを意味しているのは疑いようがない。現象学の概念には、ある種の発生論的過程を反復し、取り戻すといったイメージが本質的に結び付いている。意識の発生論的過程では、志向性が意識自身の最終的な決定要因である。そして、技術化の過程を分析するなら、技術化の進展においては、一切の歩みは正面から正当化されないまま、省略され、飛び越されてしまうことが明らかになるため、そこからおのずと、現象学は治療という対抗手段を取らなければならないことが見えてくる。この治療的態度によって、技術化の過程で忘却され、飛び越された諸々の基盤、根源的意味が問い直され、さらにそこから意味の解明の考察が取り戻される。現象学は歴史を回復しようと、しかも絶対的な意味で回復しようとする。現象学の根本的要請は、「すでに起こった歴史全体を主観の遂行の内へ取り戻す」ことである。[*21] 現象学的認識は、ヨーロッパ精神史において時代が進むとともに現実化されたものを純然と見据えることによって、根源的な危機をおのずから回避する抜本的な治療薬になる。フッサールはそう考えている。現象学はいわば抗生物質のように、危機的過程に内在する構造や、危機的過程の増大に対処する。現象学そのものが、技術化の本質を基礎づける「形式化」、すなわち理論的活動という「形式化」に逆らう抵抗力である。そのため現象学は、「単なる技術《テクネー》の目立たない変化を経験する」だけではなく、「根源的な活動性の再活性化」を実現できるようになる。また、「技術《テクネー》へと沈み込んだ科学」を、実効力ある理論的責任として取り戻すことができる。フッサールの信念に従えば、現象学は「直観的認識」として、「悟性をまさに理性へ高めることを課題にする理性」なのだ。

科学技術時代の只中で、技術化が浸透した世界において、老齢のフッサールは、その偉大な、いや卓越した自己意識をもって、彼を慄《おのの》かせた技術化のプロセスへの解毒剤を、四万枚の速記原稿として遺した。フッサールは、常に完了態にあるもの〔科学〕と、哲学的思考という、常に新たに始まるものを対比する。いつでも新たに着手する哲学的思考こそが、「新たな生の意志」を把握することができる（VI, 472）。それは、純然たる客観的存在の事実性によってのみ有意味なものとなる〔技術的〕世界に抵抗し、自己に忠実であるように訴え、そしていったん把握した同一の意味を目的論的にどこまでも追求し続けるよう呼びかけるのである（VI, 486）。

6　意味の喪失と危機の時代

危機の理念とのフッサールの対決は、いま目の前にある事象を現象学的に解明した成果でなければならないし、その成果がまたしても見失われることがあってはならない。危機との対決は、内在的批判として、きわめて実り豊かなものを提起してくれるだろう。自己理解の喪失、そして自己責任の喪失の意味をもつ技術化は、理論的プロセスにもとづく変形作用であるとの洞察は、あいかわらず有効である。その反面、こうした変形作用を病理学的現象とみなし、実際に突発的に生じたか意図的になされた意識の変容として、意識の志向性の自己現実化からの逸脱と考えるフッサールの見解は、それほど根拠のあるものとは思えない。もちろんこのような前提があればこそ、フッサールは自らの現象学を治療と主張することができた。しかしそうした前提は本当に適切なのだろうか。この問題は、フッサール自身の固有の前提に即して解かれなければならない。

フッサールの歴史観に従えば、「ヨーロッパ的人間の内在的目的論」は、ギリシア人の「あらゆるものごとに寄せる新たな関心」として始まった（VI, 319ff.）。この新たな関心は、人類にのみ働き、現実化される「志向的な無限性」を含む。「人類は、有限性の内に生きながら、無限性の極へと向かって生きている」からである（VI, 322）。フッサールはこのように、自らの現象学を暗に拘束している決定的な「二律背反《アンチノミー》」を語っている。すでに一九一三年にフッサールは〔『イデーンI』で〕、意識の志向性において所与の事物のそれぞれの属性は、「われわれを無限の経験へと引き入れるのであり、それゆえなおも広大に拡がる経験の多様性は、事物の規定を次々とより詳細に、そして無限に進める余地を開く」と述べていた（III, 4）。しかし、こうした無限への進展は、十全に満たされるものではない。確かに、「無限の作業」や「無限の課題」といった表現は、現象学の創始者たるフッサールの全著作を貫いている。フッサールが見据えているのは、「探求されざる事実の……真の無限性」である (I, 79)。フッサールが「作業の無限性」について語るのは、何ら意外ではないし (I, 119)、そもそも「作業」(Arbeit) という言葉自体が彼特有の意味で使われている。[*22] すでに初期の『厳密な学としての哲学』(一九一〇年) に掲げられた目標も、いたるところで最終的に達成可能な明証性という理念を基盤としながらも、複雑で多様な明証性へと分裂している。そして十全な明証性は、「原理的には無限の彼方にあるのではないかという問いは、未決定」のまま残される (I, 55)。ところで、近代になって、古代の学問の概念ではいまだ潜在的であった「諸々の課題の無限性という理念」が、初めて明白になったとの想定が正しいとすれば、フッサール現象学は、有限な現存在に課せられた無限の要求を極端に先鋭化したものと言えるだろう。無限の理念に向かう情熱によって矛盾が蔽い隠される。すなわち、絶対的明証性や徹底的な基礎づけ、さらに意味の発生論的分析といった要請は、それが必要とする理論的な作業の無限性に直面すると、自己矛盾に陥るのである。基礎づけの明証性と徹底性は、思考に対して絶対的な始まりへの帰還を要請する。しかもフッサール現象学は、自己自身を透徹した眼差しで見ようとするいかなる実存に対してもそうした立ち返りを要請するのである。「一生に一度はすべてを抜本的に」[*23] (semel in vita funditus denuo) とデカルトが要求したのがまさにそうしたことであった。これに対して、無限に続く探究の作業では、既存の成果が、これから果たされるべき事柄の前提とならねばならず、習得可能な知的財産や伝承可能な方法論の機能を実現しなければならない。その場合は、作業を進める出発点が、前人未踏の領域へ次々と先送りされてしまう。したがって形式化とは、既存の成果を、手軽で有用な仕方で機能させることにほかならない。しかし形式化も、潜在的には技術化である。形式化されうるもの――つまり遂行過程をめぐる洞察とは関係なく形式化を応用できるもの――は、やはり根本的にはすでに機械的《メカニズム》に扱われるからである。その蓄積や規則的な連合に実際に機械装置《メカニズム》が関わっていないとしても、同じことである。いかなる方法論も、無自覚的な反復可能性を作り出そうとする。方法論は、いつでも働いていながら常に顕在化されるとは限らない潜在的前提を増大させるのである。哲学と科学のこうした二律背反《アンチノミー》からは、哲学の認識の理念が方法化と矛盾するとか、有限な存在が掲げる無限の要請である科学が方法化を強要するといった結論は引き出せない。哲学と学問〔科学〕が最終的に和解するように見えたのも、自己の知識欲を抑制するスコラ学が抱いた幻想であった。哲学と科学の分離――しかも科学の哲学的理念による分離――は、それ以前のあらゆる人間の技術とは異質な、近代的意味における技術化への移行を意味する。しかしこうした分離は必然的であり、また正当でもあった。この点をもとに、フッサールの立場に対する批判を組み立てることができる。フッサールが語った「意味喪失」とは、本当のところ、理論的な要求それ自体の帰結として押しつけられた「意味の断念」なのである。われわれは「無限の課題を背負った人類への成長」に熱狂することはできないが（VI, 325）、かといってその代償を拒むこともできないのである。

フッサールは、こうした問題をあらかじめデカルトという偉大な手本から学べたはずである。デカルトは、自身の学問体系を実現することが自分一人の一生の課題だと、当初は信じていた。『方法序説』(一六三七年)は、徹底した忍従から生まれた成果である。デカルトはこの著作で、既存の成果を、研究者や後世の人びとも利用できるにはどうしたらよいか、そのつど抜本的な始まりという哲学的な根源的状況を繰り返さずに済むにはどうしたらよいか、その手続きを示している。方法の理念のこうした含意を考慮して、数列のアナロジーで捉えた演繹の連鎖を活用し、誤謬の元である記憶を信用せず、演算の速度をますます早めていく。この構想は確かにきわめて適切ではあるが、いまだ暫定的である。なぜならここでは、形式化への歩みを目前にして、なおも躊躇いが見られるからである。そこでライプニッツ(Gottfried Wilhelm Leibniz, 1646–1716)は、問題全体を何よりまずデカルトと対決することによって展開した。[*24] ライプニッツは、デカルトが数学から導き出したと思い込んでいた認識の理念と、エウクレイデス〔ユークリッド〕(Eukleides, ca. BC 300)以来の実際の幾何学の手法を対比する。デカルトの理念によると、証明が十分厳密でなければ演繹を進めることもできないが、ライプニッツに言わせれば、エウクレイデス以来の幾何学の手法は、実際のところは、多くの証明を断念せざるをえなかったし、またそのおかげで「進歩の技法」(ars progrediendi)が実現したのである。デカルトの理念に忠実に、あらゆる公理や公準が証明されるまで幾何学の定理や問題の考察を先延ばししていたら、今日になってもいかなる幾何学も成立していなかっただろう。なぜなら幾何学とは、認識の進歩のために、証明を断念し、厳密性の要請を棚上げしなければ成立しえないからである。

フッサール自身の現象学的分析においても、無限性と直観の二律背反から生じる未充足性の契機は見落とされていない。経験的直観の総合では、いつでもかならず事物の側面《アスペクト》が選択され、射映の連続の中でいわば飛躍がなされる。可能なすべてのパースペクティヴの横断的把握という理念——経験的水準での純粋直観と等価の理念——は、充足しえない。「経験的な事物に対応し、われわれには拒否されている純粋直観は、ある意味では、その事物の完全な総合的直観の内に潜在しているが、それは、常に記号的代表と混合し散在している」[*25]。

ここから分かるのは、人間の知性は、最も基本的で初歩的な段階で行使されようとも、いつでもすでに形式化において捉えられているということである。フッサールが情熱を傾けて書いた『危機』書においても、志向性が進歩と充実された直観へと分裂するのを語らざるをえなかったのは当然である。フッサールが暗示する解決は、哲学が科学を代理する機能をもつことを期待するものであった。つまり、科学の急激な進歩によって科学から脱落したり見落とされたりしたものが、哲学のおかげで取り戻され、回復されるというのである。こうしてとにかく、重要だが曖昧な以下のテキストが理解できるようになる。「事象内容をもった数学からその形式的な論理化へ進行し、拡張された形式論理学が純粋な分析ないし多様性理論として独立することは、それ自体まったく正当であり、それどころか必然的である。また技術化が、一時的に単なる技術的思考にすっかり没頭してしまうのも、同じく正当である。しかしそれらはいずれも完全に自覚的に理解され、行使された方法でありうるし、またそうでなければならない。とはいえこれが成り立つのは、危険な意味のずれが回避されるように配慮される場合のみである。しかもそれを避けるには、方法を行使することが世界認識のためにどのような意味をもつかという、方法への根源的な意味付与がいつでも実際に顕在化されるように配慮されていなければならない。それのみならず、こうした方法が、新たな理念と方法を最初に構想したときにすでに意味の内に不明瞭な契機を流入させてしまう、問いただされていない一切の伝統から解き放たれている必要がある」(VI, 46f. [86])。

もっとも、技術化についてここで認められている正当性は、歴史的には新しく、もはや規範的とは言えない哲学の役割(なぜならいまや哲学は自らの規範に従うものを追認するものだから)を基礎づけるものだということしか、このテクストは示していない。哲学は、技術化によって見失われた意味の構造という豊かな埋蔵物を、代理人として管理するのである。

技術の現象学的解釈にともなうこうした複合的状況を、ここでさらに大きな歴史的関連の内に置いてみたい。現象学に含まれる無限性の思想は、われわれの精神史における確固たる一連の伝統に根差している。それはプラトン主義と呼ばれる伝統である。無限なものにおいてようやく達成されうる明証性は、精神の構造からすれば、人間の実存を揺さぶりかねない。この場合に真理は、単に絶対的価値として認められるだけでなく、人間の現実生活の充実を条件づける関係の内に認められる。あらゆる精神的な歩みの目標であるような十全的明証性――歴史的な言い回しをすれば、理念の無媒介的な直観――が、あらゆるプラトン主義の核心をなす。これによって、詭弁術《ソフィスティーク》に対するプラトンの拒絶は、ヨーロッパの伝統の精神的正統性にもとづいた技術〔技芸〕を排除するものであったという主張が裏づけられる。なぜなら詭弁術は、形式的な能力という理念を、つまり精神の特殊化されていない潜在力という理念を形成していたからである。したがって詭弁術は、「ある事柄に熟達していること」(Sich-auf-eine-Sache-Verstehen)を「事象そのものの理解」(die-Sache-Verstehen)から引き離し、「万能」たることを、あらゆる知的活動の基盤である教養形成の理想としたのである。いかなる具体的な目的設定にも役立つ形式的な能力を意のままに活用する万能性――だからこそそれは純然たる「方法」と言えるわけだが――は、ソフィストの弁論術〔修辞学〕や弁証術において姿を現した(これら諸分野の伝統で、技術的態度や技術的操作などを表現する専門用語が作られたことは注目に値する)。ソクラテス＝プラトンはこれに異議を唱え、こうした純粋な能力の優位を斥けたばかりか、純粋に形式的な能力こそを人間の存在遂行一般とみなす主張をその土台から掘り崩したのだ。それがわれわれの伝統を規定して、理論と幸福が完全に合致した「至福直観」(visio beatifica)のような、永遠の浄福というキリスト教的イメージを形作るまでになった。フッサールの「無限の課題」は、人間存在の究極的な意味を尋ねる問いに対してそれと同じ解答を与えるが、もちろんそこには決定的な違いがある。フッサールの場合、個々の具体的な人間は、無限の課題を果たすこともなければ、充実感を得ることもなく、むしろ単なる執行役《エージェント》として、自分も含めた包括的な連関に組み込まれることしかできない。「探求」としての理論の無限性は、伝達可能性、方法化、形式化、技術化を求める。ここではソフィストの立場が、ある点でプラトンを土台としながらあらためて前面に現れる。具体的な人間は無限の課題に応じることのできる主体ではない。そうした主体たるものは、社会・国家・人類といった形態によって——しかも個々人の至福への要求に対して、容赦ない命令を下す原理として——人為的に構築されなければならない。技術化された工業化社会が人間を機能化してしまう以前に、近代の学問の理念は、こうした近代的な歴史の基本的な働きをすでに典型的な仕方で実現していたのだ。フッサールが着手した主体性の超越論的な自己根拠づけは、喪失した主体を再生するひとつの試みであり、そしておそらくは最も意義深い試みである。しかし現象学そのものの運命は、外部から現象学へと突きつけられるものではなく、本質的に現象学自身によって呼び覚まされる意識によって決定され、主体による自己根拠づけの先鋭化や自己の無限の正当化の要求を前にして、哲学的主体の喪失を自覚する意識によって定められるのだ。

7　偶然性と目的論

すでに示したように、現象学は自らの前提を純粋に提示した以上、その帰結から逃れることはできない。生活世界という「自明性の領界」から歩み出たことは、フッサール自身が目撃したように、現象学において絶頂に達するヨーロッパの精神的プロセスの始まりであったが、それのみならず、現実のあらゆる自明性を偶然性へと転換するものでもあった。「偶然性」は、必然性と可能性の立場から現実性を判断することを意味する。しかし、現実が偶然的であるという意識こそが、既存の事実に対する技術的対処を基礎づける。既存の世界が、可能性という無限の活動空間から偶然に切り取られた断片にすぎず、自然的事実の領域がもはや、より高度の正当化や承認という威光をもたないのなら、世界の事実性は、可能性の側から現実性を判断し批判する強い衝動を引き起こす。それだけではなく、可能性を実現し、発明や構築の余地を活用し尽くし、単なる事実にすぎないものを活性化することで、世界の事実性は、自己構成的で、必然性によって正当化される文化世界へ向かう動機となる。偶然性こそ、人間に具わる世界製作者《デミウルゴス》的能力の自覚を触発したと考えるべきであり、そうなると、中世後期において偶然性の意識が極端に高まるに連れて、近代の技術化の情熱が芽生えた経緯を理解することができる。[*26] こう考えれば、フッサールが近代の技術化と対決する際の「生活世界」概念の批判的機能をいま一度明瞭にすることができるだろう。「生活世界」というこの概念は、まさに偶然性の世界とは正反対の性格すべての総体として形成されている。またさらに生活世界の概念は、世界の事実性の意識に逆らうことで初めて内的必然性を獲得する世界とは正反対の特徴をもち、その意味で技術的世界とは対立する性格すべての総体でもある。フッサールは哲学的思考の後期段階において、しかも技術化が彼にとって差し迫った問題となる以前から、この生活世界を探求していたが、それは現象学そのものの内在的展開とともに生じた焦眉の課題であった。いまやわれわれの思考の歩みにとって決定的なのだが、現象学的方法は、偶然性の意識を照らし出すひとつの範例《パラダイム》であり、技術的世界の精神的基盤において、「脱自明化」と呼べるような基礎的なプロセスである。究極的で、ことごとく隠蔽された自明性をなお問おうとすること、それこそがまさしく現象学のプログラムである。生活世界自体を理論的描写の対象とすることは、この領域の救済や保証を意味するのではなく、むしろ生活世界を露呈することで、この領域にとって本質的な自明性という属性を否応なしに破壊してしまうものである。事象を止揚せずして、批判的な要請や探求にふさわしい概念を手に入れることはできない。現象学者にとって重要なのは、「世界の存在の普遍的自明性――これこそが現象学者にとってあらゆる謎の中でも最大の謎であるが――を、理解可能なものへと転換すること」である（VI, 184 [328]）。

したがって、偶然性を推し進めることこそ、現象学という理論的立場の使命にほかならない。その使命により、「われわれはこのような生の全体とこうした文化的伝統全体を確立しなければならないし、また個々人としても共同体としても、自分自身に対する省察を研ぎ澄ますことで、現実に対して判定を下し、評価し、行為する立場を取れるような、究極的な可能性と必然性を求めなければならない[*27]」。

「問われることのないいかなる問いをも、理解不可能ないかなる自明性をも残さない絶対的普遍性」（VI, 269 [472]）の哲学は、絶対的普遍性の要求を「志向性の目的《テロス》」とする（VI, 533）。

そこでこの哲学は、無限の彼方にある解答に望みを託すことができない問いを引き起こす。つまり、その本性上、理論的な先送りに堪えられず、哲学的な反省抜きに人間の未来への探求意欲ばかりを駆り立てる問い——まさにフッサールが技術の本性とみなしたもの——を、この哲学は活性化するのである。

フッサールは「歴史的感覚を完全に欠いている」との評価はよく語られる。[*28] フッサールが哲学的思考の歴史的形態を自身の考えに投影することしかできなかった点に、その欠陥が認められると考える人もいるが、実際のところは、フッサールが自らの現象学の歴史的役割と立場を見誤った点にこそ、むしろ歴史的感覚の欠如が現れている。フッサールは、還元や自由変更といった方法上の操作を用いて、「あらゆる事実性から免れている範例」であるとか、「別様なものや、常に変転するもののなかでも不変の自同性や、普遍的に共通の本質」といったような、本質的かつ必然的に不変のものを求めている。他方それとともにフッサールは、目的の必然性から手段の自由を引き出し、近代に対して近代的精神を刃向わせるという目論見のもとで、自由変更の手法によって近代的精神を取り押さえる。「変更は、自由の中で、純粋な想像力と任意性についての純粋な意識に対して……遂行されるのであり、それによって変更は同時に、いつでも新たな変様態に対して際限なく開かれた、多様で自由な諸可能性の地平の内へと自らを組み込み、押し広げていくのである」[*29]。

「完全に自由で、そしてあらかじめ容認された事実への拘束の一切から解放された変更」といった言い回しは、純粋に言語表現として見た場合、すでに何やら悲壮な近代的解放のモットーのようである。そうしたモットーは、事実的なものから本質的なものへの解放といった幻想に与しているが、それはかえって、事実的なものが与える克服しえない不快感を強調する働きをしてきた。こうしてみると、フッサールの思考の中で理想化された「生活世界」は、理解しにくいとはいえ、技術化とともに現象学が密かに実現した偶然性の増大を表す相関概念ないし修正案とみなすことができるだろう。[*30]

技術化に関する現象学的分析は、フッサールもいまだ注目していなかったきわめて現代的な問題によって、思いがけずに現代的意義が高まった。複合的な全体をいささか実験的に単純化して語るなら、それはヨーロッパの科学と技術の世界規模での拡大——ヨーロッパ外の民族や文化世界への移植——と表現することができるだろう。技術化は、基礎づけの点で生活世界と協働している理論的遂行の連続体から突如として生じてくるわけではない。むしろ技術化は、生活世界の自明性の内に含まれている理解や行動の諸規則《コード》に関して、無垢の生活世界同士が外的に重なり合うことで生じるのである。「文明化の加速」という動機づけは、「無限の課題」の意識からおのずと発生したわけではなく、「国際的示威《デモンストレーション》効果」[*31]なるものにむしろ誘導されてきた。「発展途上」と言われる状況で要求される急激な技術化が引き起こす軋轢は、まさしく意味遂行の取り戻しの歴史というフッサールの理念から理解しうる。その軋轢はまた同時に、「工業化の挽回」の正当化を課題として、繰り返し提示されるある種のイデオロギーとの近さをも理解可能にする。フッサールの立場への内在的批判というわれわれの観点から見れば、「発展の挽回」の問題は、技術的手段や文明にふさわしい行動様式が外部から提供される点よりも、むしろそれを受け入れ同化していく内在的動機が欠如している点に求められる。動機そのものは外部から一緒にもたらされるとしても、それは内在的に展開されなければならないだろう。ヨーロッパの近代についてのわれわれの考察では見出せなかったもの、すなわち「技術の病理学」の出発点を探り当てることは、技術化の進んだ現代の局面において、なおも世界水準で切迫した課題であることが明らかとなるだろう。

　技術は、現象としてはさまざまなメカニズムが働く領域である。技術を「事象そのもの」と理解するには、こうしたメカニズムの領域を分類したり、作用と副作用を調べ、その力を自然法則の認識へ還元するだけでは不十分である。メカニズムはいずれも究極的には、限りある所与の能力の増大、つまり人間の現存在に具わる能力の増大を目指している。こう言ってよければ、メカニズムは空間的にも時間的にも、あらゆる現存在の射程を拡げて一歩一歩地道に進む代わりに、飛躍を可能にするものである。有限な能力の増大を目指す動機や意志の歴史的な始まりを主題にした点で、フッサールは根源的な問いを立て、その分析を極限まで推し進めた。技術化は、無限の過程である理論的課題と、人間の現存在に常に見出される能力との葛藤から生じる。技術の二律背反《アンチノミー》は、遂行と洞察のあいだに成立する。フッサールが築き上げた現象学は、こうした二律背反を解決するのではなく先鋭化し、われわれの精神的状況に応じて実感させ、実効あるものとしたのである。

＊1 〔訳註〕Paul Valéry, Note et digression [1919], Œuvres, t. 1, Paris 1955, p. 1210〔ヴァレリー「覚書と余談」村松剛訳、『ヴァレリー全集』第五巻「レオナルド・ダ・ヴィンチ論」筑摩書房、一九七八年、七七頁〕.「彼〔レオナルド〕から一世紀半ののちに、芸術にまったく無感覚な男〔パスカル〕が、繊細な精神と幾何学的精神とのあいだの対立を指摘することになるが、こういう粗雑な、定義の曖昧な対立については、レオナルドはこれっぽっちも知らない」。

＊2 〔訳註〕*Ibid.*〔同、七八頁〕

＊3 〔訳註〕*Ibid.*「深淵は何か機械仕掛けの巨鳥の実験に役立つかも知れない……」〔同〕

＊4 〔訳註〕John Locke, *An Essay Concerning Human Understanding*, II, 20, 6〔ロック『人間知性論』第二巻、大槻春彦訳、岩波文庫、一九七四年、一二一頁〕.「現在もっていれば心地よさの観念をもたらす何ものかの事物が現にないところから人間が自分自身の内に見出す落ち着きのなさは、私たちが欲望と呼ぶものである」。

＊5 〔訳註〕『技術哲学概論』の扉に銘として掲げられたE・ライトリンガー（Edmund Reitlinger, 1830–82）の言葉。

＊6 「人類の社会一般について」（『社会契約論』初稿第二章）。これは決定稿では採用されなかった。カントは「完成された人為〔技術〕」という表現を、このルソー的な文脈において取り上げ、「完成された人為が再び自然になる」といった言い方をしている（Immanuel Kant, Gesammelte Schriften, Akademie-Ausgabe, Bd. 15, 2, Berlin 1923, S. 887, 896)。ここでは「人為〔技術〕」とは、自由によって可能になった生活形態の全体を意味する。「道徳性とは、人為の問題であって、自然の問題ではない」(*Reflexion* 1454, *ibid.*, S. 636)。人為を貫徹することで、もちろんただ形式的な意味において、「再び自然になる」のであり、「至福の体系」(*ibid.*, S. 896) である「合目的的な調整」に対する、内容的にはまったく異質の対応物に向かう。こうした形式的な合致を目標として構築することは、ルソーの「生活世界」である自然状態を目指すことの統制的な意味である。「ルソーは、人びとが自然状態に戻ることを望んでいたのではなく、そこを振り返るべきだと言っているのだ」(*ibid.*, 890)。「自然状態」というこのひとつの語の理解の相違こそが、ルソーから始まって、その後二世紀にわたる大方の誤解と激しい衝突の誘因となった。

＊7 〔訳註〕Jean-Jacques Rousseau, *Du contract sosial ou essai sur la forme de la république*, ch. 2, Œuvres complètes, III, Paris 1978, p. 288〔ルソー『社会契約論または共和国の形態についての試論(初稿・ジュネーヴ草稿)』作田啓一訳、『ルソー全集』第五巻、白水社、一九七九年、二八〇頁〕.

＊8 技術の問題を筆者が最初に論じたときには、当然のことながら、この伝統的な二項対立を主題とした。Cf. Hans Blumenberg, »Das Verhältnis von Natur und Technik als philosophisches Problem«, in: *Studium Generale* 4 (1951), S. 461–467. またブリュッセルでの会議の講演でもそれを別なかたちで論じた。»Technik und Wahrheit«, in: *Actes du XIème Congrès International de Philosophie*, vol. 2, Brüssel 1953, S. 113–120.

＊9 Ernst Robert Curtius, *Europäische Literatur und lateinisches Mittelalter*, Bern 1948, S. 213–218〔クルツィウス『ヨーロッパ文学とラテン中世』南王路振一・岸本通夫・中村善也訳、みすず書房、一九七一年、二九八―三〇三頁。「このようにして、工学・軍事学・原典批判・文学的教養・グノーシス

——これらすべてのものが古代末期には〈哲学〉と呼ばれていることがわかる」〔同、三〇二頁〕〕.

*10 〔訳註〕Lucretius, *De rerum naturae*〔ルクレーティウス『物の本質について』樋口勝彦訳、岩波文庫、一九六一年〕.

*11 フッサールの著作は、特に断りのない限り、以下より引用し、版・巻数・頁数を明記する。Edmund Husserl, Gesammelte Werke. Husserliana, Den Haag 1950ff. 本章で中心的な主題となる『ヨーロッパ諸学の危機と超越論的現象学』は、第六巻（一九五四年）に収録されている〔細谷恒雄・木田元訳、中公文庫、一九九五年。本文中の［ ］内にはこの邦訳の頁数を併記する。ただしこの邦訳は付論のすべてを収録してはいない〕。

*12 E. Husserl, *Formale und transzendentale Logik*, Halle 1929, S. 139, 146 (Husserliana XVII, Den Haag 1974. この版では、欄外に初版の頁数が記載されている)。

*13 E. Husserl, *Logische Untersuchungen*, Bd. II-1, 4. Aufl., Halle 1928, S. 130 (Husserliana XVIII, 1975)〔フッサール『論理学研究』第二巻、立松弘孝・松井良和・赤松宏訳、みすず書房、一九七〇年、一四五頁〕. フッサール自身が回顧して語るように、『論理学研究』において「偶因的判断とその意義について片をつけられ」なかったからこそ、地平と世界の問題群をさらに展開する手掛かりが得られた（*Formale und transzendentale Logik*, S. 177, Anm.)。実際、志向性の構造を客体への内在から客体の超越へと「転移」すること、つまり「状況の地平」の志向性に、すべてが掛かっている。形相的な要求から見れば、意義の偶因性はきわめて厄介であるが、しかしそれによってあらゆる体験が「見通しえない体験の地平」を具えていることが、止揚されざる前提の事態として明らかにされた（III, S. 201)。現前せざるものが所与として共に与えられているということが、「カント

的意味の理念」の機能を果たす（III, S. 202）。フッサールはそれを「形相的に妥当する明証的命題」として、「いかなる具体的体験も十全な意味での自立的なものには当てはまらない」というかたちで定式化している（同。「自立的なもの」は筆者による修正）。

＊14 〔訳註〕「志向史的問題としての幾何学の起源についての問い」の標題で一九三九年『国際哲学雑誌』（1―2）に発表された草稿。のちに『ヨーロッパ諸学の危機と超越論的現象学』の第九節aの補論として、『フッサール全集（フッサリアーナ）』第六巻（付論III）に収録された。いわゆる『幾何学の起源』と呼ばれ、デリダが長文の序文とともにフランス語訳を公刊したことでも知られている。

＊15 この点については、Ludwig Landgrebe, Husserls Abschied vom Cartesianismus, in: *Philosophische Rundschau* 9 (1962), S. 133-177〔ラントグレーベ『現象学の道――根源的経験の問題』第八章「デカルト主義からのフッサールの離反」山崎庸佑・甲斐博見・高橋正和訳、木鐸社、一九八〇年〕.

＊16 現象学全体を通して、自然的な意識生とその明証性における充実のあいだの「連続性」はきわめて自明なので、例えば「歴史的に見て最古の意味での学」は「理論理性によって素朴にそのまま遂行される作用」であると語られたりもした（E. Husserl, *Formale und transzendentale Logik*, S. 1）。明証性は、「意識生全体に関わる志向性のひとつの普遍的な様態であり、それによって意識生は、普遍的な目的論的構造をもち、「理性」に一貫した狙いを定め、理性への一貫した傾向性を有するものと規定された」（*ibid.*, S. 143）。しかし、『危機』書が企てた壮大な倫理的呼びかけは、われわれの「本来の」歴史の始まりにおける責任と義務をもった意志の作用のようなものを要請していたのである。

＊17 E. Husserl, *Formale und transzendentale Logik*, S. 220.

*18 Novalis, Schriften, hrsg. von Paul Kluckhohn und Richard Samuel, Bd. 3, 2. Aufl. Darmstadt 1969, S. 295f.

*19 E. Husserl, *Logische Untersuchungen*, Bd. 6, S. 52. フッサールの「理念の衣装」のメタファーについては以下を参照。H. Blumenberg, *Paradigmen zu einer Metaphorologie*, Bonn 1960, S. 82f.

*20 〔訳註〕E. Husserl, *Die Idee der Phänomenologie*, Husserliana II, S. 62〔フッサール『現象学の理念』立松弘孝訳、みすず書房、一九六五年、九一頁〕.「直観的認識は悟性をまさに理性に高めようとする理性である。悟性には〔理性に〕介入したり、自らの不渡り手形を支払手形の中に紛れ込ませるようなことは許されない。国庫証券にもとづいてのみ成り立つ悟性の両替・換金の方式はここではまったく問題にならないのである」。

*21 E. Husserl, *Erfahrung und Urteil*, hrsg. von Ludwig Landgrebe, Hamburg 1948, S. 48〔フッサール『経験と判断』長谷川宏訳、河出書房新社、一九七五年、四〇頁〕.

*22 労働世界や仕事世界の全体をフッサールの術語から引き出すことができるし、それらは往々にしてある個所に集中して立て続けに用いられている。Husserliana VII, 142, 144, 146, 147, 150, 191, 204. ほとんど過剰と言える複数形も特徴的である。「記述的作業の真の（複数的）無限性」(wahre Unendlichkeiten deskriptiver Arbeit)（VII, S. 110）。ヘルムート・プレスナーが現象学を「哲学を近代の労働世界へと併合する道」と特徴づけたのは正しかった。Helmuth Plessner, *Husserl in Göttingen, Rede zur Feier des 100. Geburtstages Edmund Husserls*, Göttingen 1959, S. 9.

*23 〔訳註〕R. Descartes, *Meditationes*, Œuvres, t. 7, par Ch. Adam, P. Tannery, Paris 1996, p. 17〔デカルト『省察』所雄章訳、『デカルト著作集』第二巻、白水社、一九九三年、二九頁〕.

*24 Gottfried Wilhelm Leibniz, Animadversiones in partem generalem Principiorum Cartesianorum, in: *Die philosophischen Schriften von Gottfried Wilhelm Leibniz*, hrsg. von Carl Immanuel Gerhardt, Bd. 4, Berlin 1880, p.

355. ここでは、デカルトの思想に対決して、数学者の規範が提示される。「あらゆる公理や公準が証明されるまで幾何学の定理や問題の考察を先延ばししていたら、今日になってもいかなる幾何学も成立していなかっただろう」。

＊25 E. Husserl, *Logische Untersuchungen*, Bd. 2-2, 3. Aufl., Halle 1922, S. 99 フッサール『論理学研究』第四巻、立松弘孝訳、みすず書房、一九七六年、一一九頁〕.「われわれには拒否されている」経験的事物についての「純粋な直観」を語るというのは、ここではやはり少なくともカント的な意味での根源的知性の可能性を開いておくことを狙っているように見える。物理的対象についてののちの形相的記述は、その記述的構成を絶対的に定立する（III, 371）。もっとも、有限な知性にとっては議論はいつも不十分であり、その「空隙」は意味のうえでどうにか調停されるという点に違いはない。

＊26 以下で私はこのテーゼの基礎づけをより詳細に行った。H. Blumenberg, Nachahmung der Natur. Zur Vorgeschichte der Idee des schöpferischen Menschen, in: *Studium Generale* 10 (1957), S. 266–283〔本書所収「自然の模倣」〕; id., Ordnungsschwund und Selbstbehauptung. Über Weltverstehen und Weltverhalten im Werden der technischen Epoche, in: *Das Problem der Ordnung, Verhandlungen des VI. Deutschen Kongresses für Philosophie*, Meisenheim 1962, S. 37–57; id., Kontingenz, in: *Die Religion in Geschichte und Gegenwart*, Bd. 3, 3. Aufl. Tübingen 1959, Sp. 1793f.

＊27 E. Husserl, *Formale und transzendentale Logik*, S. 5.

＊28 Hannah Arendt, *Sechs Essays*, Heidelberg 1948, S. 5

＊29 E. Husserl, *Formale und transzendentale Logik*, S. 219.

＊30 「生活世界」の概念については以下のものを参照。Aron Gurwitsch, The last Work of Edmund Husserl

II: The Lebenswelt, in: *Philosophy and Phenomenological Research* 17 (1957) S. 370–398. ウィトゲンシュタインの「自然的世界観」(natürliche Weltansicht)、および新実証主義における自然言語の問題との類似に関しては、以下のもので指摘されている。Hermann Lübbe, >Sprachspiele< und >Geschichten<. Neopositivismus und Phänomenologie im Spätstadium, in: *Kant-Studien* 52 (1960/61), S. 220–243.

*31 〔訳註〕消費行動において、消費欲が他者の消費行動によって刺激されるという説。デューゼンベリー（James Stemble Duesenberry, 1918–2009）によって提示され、ヌルクセ（Ragnar Nurkse, 1907–59）によって、国際的な次元にまで展開された。

自然の模倣
創造的人間の理念とその前史

1　自然の模倣としての技術

人間は自身の力と技能によって、世界の中で、また世界に対して何を行うことができるのか。——この問いに対しては、ほぼ二〇〇〇年前にアリストテレス（Aristoteles, BC 384–322）が、「技術」とは自然の模倣であると述べたとき、最終的で究極的な解答が与えられたように見える。この規定によって、現実に働きかける人間の能力の全体、つまりギリシア人のいう「技術《テクネー》」の概念が定義された。ギリシア人にとって「技術《テクネー》」は、現代のわれわれが「技術」と呼んでいるよりも多くのことを意味していた。ギリシア人はこの言葉によって、何かを作り出したり、物のかたちを形成したりする人間の技能の全体を表し、「人工的な」（künstlich）ものと「芸術的な」(künstlerisch) ものの双方（今日でははっきりと区別されるが）を併せて考えていたのである。本論では、「技術」という外来語を、もっぱらこの広い意味で使うことにする。アリストテレスによれば、「技術」とは、「一方では完成する場合、他方では（自然の産物を）模倣する場合」に成り立つ。[*1]「技術」の二重の規定は、「自然」が同じように、生産的原理（natura naturans 能産的自然）と被造的事物（natura naturata 所産的自然）の二重の規定をもつことと密接に関係している。「模倣」という要素には、さらに包括的な契機が含まれていることも容易に見て取れる。なぜなら、自然がそのままに放置したものに人間が手をつける場合、自然の手本に従い、現にあるものの純粋現実態《エンテレケイア》から始めて、それを延長していくからである。[*2]「技術」は自然の代理を務めるため、アリストテレスによれば、家を建てる者は、仮に自然が家をいわば「生えさせる」ことができたら自然がなすであろうことを実現するのである。[*3] 自然と「技術」は同じ構造を共有している。一方の領域での内在的な本質構造は、他方の領域にも組み込まれていると考えられる。したがって、伝統的にアリストテレスの定義が――アリストテレス自身もすでにそうしていたように[*4]――簡潔に「自然の模倣の技」(ars imitatur naturam) となっているのは、技術の内実を的確に示すものであった。

ところで、「自然の模倣」という表現に関して、その前提や歴史的変遷を辿ることには、どれくらい現実的な意味があるのだろうか。近代の人間は、すでに以前から、「創造的」存在であることにこだわり、人為的構築物と自然とを厳しく対立させてきたのではないだろうか。そして一五二三年にパルミジャニーノ（Parmigianino, 1503–40）が凸面鏡に映る歪んだ自我像を描いて以来[*5]、すなわち、自然のものが人工的な芸術の内で保存されたり、高められたりするのではなく、むしろ屈折し変容させられ始めてからというもの[*6]、創造的人間は自身の能力に目覚め、芸術作品に麗々しく署名をするようになった。近代的人間にとって技術は、人間の純粋な存在能力の自己確証や証明として、「この人生の真に形而上学的な活動[*7]」となった。この形而上学的な活動を絶対視する意識は、芸術作品に対する自然の拘束力についての問いに収斂する。芸術に許された自由の領域を究め尽くすこと、事実的なものの有限性に代わって可能的なものの無限性を発見すること、そしてまた現代の芸術は、過去の芸術に従いつつもそれを超えて生成する発展過程の歴史的自覚によって、自然の束縛から解放されていくということ[*8]——こうした根本的な動向は、アリストテレスが提起した表現とはもはや無関係のようにも思える。われわれの生きている世界は、意図的に自然を乗り越えようと躍起になり、自然を無力化し、変形しようとする世界であり、なおかつ自然の事実に対する根本的な不信感を抱いた時代であると、しばしば語られもすれば、表現されもする。アンドレ・ブルトン（André Breton, 1896–1966）が、存在しないものは、存在するものとまったく同じく「現実的」（intense 強度をもつ）だという表現によって、シュルレアリスムの「存在論的」規定を最初に与えたとするなら、それは現代の芸術的意欲の可能性、いわば「未知の領域《テラ・インコグニタ》」を正確に言い表している。そこが人跡未踏の地であることが、人びとを魅了する。芸術作品は、あらかじめ存在する他の事物を示唆したり現前化したりするものではなく、世界への人間の関わり方ゆえに、それ自体が独自の存在である。「新しいイメージは、一回的な出来事であり、人間の精神が把握している世界のイメージに対して新たな形式を増大させるひとつの誕生なのである」[*9]。新しいものを見たり製作したりすることは、もはや中世的な「好奇の欲」(curiositas)の意味での「好奇心」の衝動とは異なり、形而上学的な要求となった[*10]。人間は、自分自身について自らが抱いているイメージを確証しようとするものである。必要は発明の母であるだけでなく、「発明」そのものが、近代世界における重要な活動となる。われわれの現実が隅々まで技術的構造に支配されるばかりか、技術的構造は同時代の芸術作品に反映される。そして芸術作品からは、人間が根本的な自己理解を具体化しようとする衝動と同質の造型力が感じ取られる。このような自己理解を表現する力とその意欲は、はたしてどこから生じるのだろうか。

　このような疑問に十分に答えるには、人間の近代的な自己理解が乗り越えようとしている対象をよく見極めなければならない。「創造的なるもの」の特性を身につけようとする激しい衝動は、「自然の模倣」という原則の圧倒的な優位に対して持ち出されたものである。この二つの方向性の抗争は、〔「創造的なるもの」を主張する〕新しい形態が勝利を収めたように見えても、実はいまだ決着がついてはいない。しかも、勝利が確定した瞬間に、勝利者にとって、敗者は敵から捕虜へと変わるのは、何も政治の世界に限ったことではない。もてる力を総動員して闘わざるをえなかった対抗勢力が衰えると、動員されたエネルギーは、当初目指していた地点のはるか先にまで進んでいくものなのだ。

2　芸術と技術

まず、前述のような対立が生じた歴史的な領域をより正確に規定しておくことにしよう。どんなものの歴史でも、その「始まり」は把握しがたいものだが、これから論じる「出発点」も、当座の問題意識から見られた限りの初期形態にすぎない。ここでは、一四五〇年に書かれたクザーヌス（Nicolaus Cusanus, 1401–64）の三篇の対話篇[*11]に登場する「無学者」（idiota）という人物像を念頭に置いている。これらの対話篇での「無学者」の特徴を捉えるには、そこに反映している十五世紀の「俗人」の自己意識を、聖職者との対立関係から社会学的に照らし出すだけでは不十分である。クザーヌスは「無学者」を、スコラ学の代表である哲学者と対比するだけでなく、人文主義者の典型である雄弁家とも区別しているからである。[*12] クザーヌスにおける「無学者〔俗人〕」の人物像は、当時のスコラ学的大学と人文的教養が陥った慢心に対して、神秘思想や「新しい敬虔《デヴォティオ・モデルナ》」[*13]が抱いた反撥を反映しているのは確かである。しかし、この「無学者〔非教養人〕」が学問的権威と同席する皮肉な設定や、知的水準の格差を顧慮せずに対話を求める一種の民主主義的形態は、また別の条件にもとづいている。ここには、人間の新たな特徴が浮かび上がる。すなわち、自身が何を行い、自身に何が可能であるかという点——言うなれば、その「遂行能力」――にもとづいて、自己理解と自己正当化を行う人間が現れるのである。自己実現と自己理解の結合は、歴史的にはけっして自明のものではないが、クザーヌスの「無学者」には、そのような結合が見て取れるし、それはここで取り上げる主題にとっても重要な点である。

対話篇『精神についての無学者の対話』第二章において、「無学者」は、対話相手である哲学者と雄弁家に対して、自分の作った木製の匙が、一般市場で高い評価を得られず、たいした収入にはならないが、彼自身の自己理解と自己評価にいかに貢献しているかを語っている。その「技術」はたしかに模倣ではあるが、自然の模倣ではなく、神自身の「無限のわざ」(ars infinita)の模倣である。それは「無限のわざ」が根源的で生産的・創造的だからであって、実際にこの世界を創造したためではない。「匙はわれわれの精神以外のところには範型をもっていない」。匙は、芸術というほど高級な創作物ではないが、それまで存在しなかったものであり、自然にもともと具わっていた形相《エイドス》ではない。素朴な「無学者」が、それを創作した当人である。「ここで私は、何らかの自然の事物の像を模倣するのではない」。「無学者」が作る匙、コップ、皿といった形態は純粋に技術的産品であり、こうしたものの讃美から始まって、現代の「工業意匠《インダストリアル・デザイン》」のように製品そのものに重点を置くまでには、もはや何の飛躍も必要ない。人間はもはや、自然や宇宙を眺めて、宇宙の中での自分の位置を見定めるのではなく、その眼差しは、「ただ人間による創作物から」成り立っている事物の世界へ向かうのである。*14

さらにこの一節で重要なのは、この「無学者」は自らの「遂行能力」によって、画家や彫刻家ができること、つまり「事物から範型を」取り出すこととは明確に区別される点である。――「しかし私はそうではない」。ここでは、「芸術」に携わる人間ではなく、「技術」に携わる人間に即して、人間の創造的・独創的な全衝動が示され、模倣の原理からの断絶が浮彫りにされることも、このうえなく重要な意義をもっている。そうした相違が、ここではじめて積極的に強調されている。いまや創造がもっぱら造形芸術や詩に集中して語られる現状を考えると、クザーヌスの見解には〔歴史的〕証言としての価値がある。まさに中世の終焉を境に、製作者が自己について、そして自らの創造的自発性について語り始め、これが芸術現象の一部となるのである。

一方、技術的精神の歴史を見ると、その担い手の自己証言は総じて貧弱である。この点は、技術者という冷静な人間につきものの典型的特徴と言って済ませられるものではない。また、フランスの『百科全書』〔一七五一―八〇年〕において「機械学」(artes mechanicae) が注目され、技術製品の知的な根源領域にようやく世の評価と関心が向いたという社会現象にも解消しえない。何よりも技術は、それ自体の「無言語性」のせいで貧弱なのである。詩人や芸術家の場合は、古代より用語や比喩、逸話にいたるまで道具立てが揃っており、創造的活動がどのように理解されているかを――否定的にであっても――あらためて語ることができた。これに対して、遅れて誕生した技術的世界は、言語を上手く操ることができなかったため、技術的世界を構築したとも言うべき創始者たちをここで列挙することもできない。その結果、技術的領域は「社会的役割」の点で圧倒的な意味をもつにもかかわらず、世界の現状を最も強く規定している当の人びとは自身の貢献を知らず、公言もしないといった、不自然な事態が生じている。大発明家の伝記にしても、近代の芸術家の巧妙で崇高な自己解釈と比べて、哀れなほど貧弱な言葉で主題を語るしかないありさまである。一例を挙げると、オーヴィル・ライト（Orville Wright, 1871–1948）は、飛行機の発明に関して、典型的な物語を語っている。ライト兄弟はキティホークの丘で史上初めて飛行実験に成功する六年前に鳥類学の文献を入手し、物理的な機構《メカニズム》をいくら模倣しても人間には獲得できない飛翔能力を、鳥類がなぜもっているかを知って驚愕したと、オーヴィル・ライト自身が語っている。*15 これはまさしく、四世紀も前にレオナルド・ダ・ヴィンチが取り上げた問題《トポス》であった。*16 ダ・ヴィンチに加え、リリエンタール（Otto Lilienthal, 1848–96）を挙げてもよいだろう。*17 二人とも実際に、鳥類と同じ構造の機械を造ろうとしたからである。しかし、リリエンタールとライト兄弟のあいだには決定的な飛躍がある。ライト兄弟の飛行機は、鳥の飛翔を模倣したいという古代以来の夢を捨て、問題を新たな原理で解決することによって、真の意味での発明となったからである。この場合、内燃機関の存在――これもひとつの発明ではあるが――よりも、プロペラの活用のほうが、本質的で特徴的である。回転する部品は、自然の模倣でもなければ、自然の完成でもなく、純然たる技術的な産物である。自然界には、回転するような器官は滅多に見られないからである。それゆえ、飛行機も技術の内在的な発展過程の中で誕生したのであり、大空に舞う鳥が存在しなくても、いずれキティホークでなされた成功が実現したはずだと言っても過言ではないだろう。

飛翔の技を神から授かったかのように空を舞う鳥がすでに存在しており、人間がそれに近づこうとしていたという事実は、かならずしも技術の発生を説明するものではない。むしろ自然の事物への憧れは、人間が自ら望むことの「非正統性」を多かれ少なかれ表現している。自然の模倣という定型的主題《トポス》は、人間が作り出す不可解なもの――形而上学的に説明のつかない事柄――を蔽い隠す。この種の主題は、現代美術の展覧会で、抽象画に付された具象画風の題名と同じような役割を果たす。形のないものは扱いようがない。エデンの園ではすべての事物の名前が分かり、その名前によって人間は事物を支配した。「ロゴス〔根拠・言葉〕による説明」(λόγον διδόναι) を(その二義性も含めて)見出せない場合、その現象は往々にして「魔力」と呼ばれるのであり、技術という主題に関して、「技術の魔力」という言い方が多用されるのもその一例である。現代技術に関わる問題は、その困難をわれわれが「課題」と感じているにもかかわらず、それを言い表すとなるとむずかしい。その困難はまさしく、「技術〔芸術〕」を自然の模倣と見るのが一般的になっているところに起因すると考えられる。自然の模倣という理念がわれわれの形而上学的伝統を支配し、人間の「自主的」な働きという考えはほとんど顧慮されなかったという事実とその理由を、ここでは示そうと思う。中世と近代の境目に出現した創造に関する自意識は、存在論的に明確化されることがなかった。絵画がその「理論」を探求し始めたときに吸収したのは、アリストテレスの詩学であった。創造的な「着想」は「熱狂」(entusiasmo)に姿を変え、世俗化された「照明」(illuminatio 啓示)の表現となった。形而上学的な「模倣」の伝統の優位を自覚することのむずかしさと、ルネサンスにおける〔伝統に対する〕反逆的態度は連動している。存在論的な問いが停止したところでは、正統性の領域が形成され、いままでになかった思想が強引に展開される。そこで、十八世紀においていわば組織的に観念論に組み込まれていた独創的天才の「出現」を考えてみよう。

クザーヌスは、木製の匙を作る無学者という逆説的な例を挙げ、人間存在の独自性という前代未聞の理念を表し、その理念が、神の創造を装う神の似像――ヘルメス主義においてすでに語られた「第二の神」(alter deus)――という神学的人間理解から必然的に導かれる帰結とその正当な解釈であることを示した。そのようなクザーヌスの意図は、後代のわれわれが歴史的に振り返ることで初めて判明する。歴史的な影響関係から見るなら、中世に内在していたものが開花して近代が始まったように考える試み、つまり創造性という属性を人間にとって唯一の構成要素とみなす形而上学的な正当化の企ては通用しないだろう。われわれはクザーヌスの「無学者」を、歴史理解の指標と見るべきであって、実際に歴史の道筋を決定した要因と考えるべきではない。近代の精神史の決定要因は、人為的構築と自然的形成の対立関係であり、技術と芸術、意志的形成と事実的形成、活動と既成事実の対抗だからである。人間は創作するに当たって、既存の事実によって、活動領域が狭められているように感じるものだ。こうした事情を最も鋭く表現しているのが、ニーチェ（Friedrich Nietzsche, 1844–1900）が『ツァラトゥストラはこう語った』で記した次の言葉である。「善意に関しても悪意に関しても、創造者たらんとする者は、まずは破壊者となって、自らの価値を打ち破らなければならない。それゆえ最高の善意には最高の悪が含まれている。しかしこうした最高の善意こそが創造的なのだ[*18]」。つまり、人間の生来の要求の内には、ニヒリズムが機能的に組み込まれているというわけだ。しかし、ここで事実上の法則のように語られていることは、実のところ、特定の歴史的状況の特徴なのではないのか、つまり、人間の創造的自由が（さらに究明を要する）形而上学的伝統によって蔽い隠されていたのを自覚する歴史的状況の特徴なのではないのか、そう問いかけてみるべきである。十九世紀の反自然主義は、これまで人間の自主的な生産力は環境的条件の圧力によって狭められていたという感情を基盤としている。活動に対する新たな情熱が自然に対して反旗を翻すのである。コント（Auguste Comte, 1798–1857）は「反自然」（anti-nature）という用語を作り、マルクス（Karl Marx, 1818–83）とエンゲルス（Friedrich Engels, 1820–95）は「反ピュシス」（Antiphysis）について語った。自然は規範的な拘束力を失っただけでなく、対象として平板化され、理論的・実践的支配の対象に尽きることになる。それどころか自然は、技術や芸術を実現しようとする意志にとっては、対抗の標的のようなものである。自然が人間の情動や感情に与える影響は不信感を呼び起こす。自然の自己充足性や完成、あるいは自然の循環は、人間の明確な活動意欲にとっては誘惑のような性質を帯びている[*19]。われわれの世紀では、技術的活動によって自然を変えようとしても、一方で自然的素材が、他方で人間の生理的機構が邪魔になるという経験が生じている。有機体は、固有の不活性的性格をその特質とすることが明らかになっている。こうした不活性的性格を克服しようという構想が、エルンスト・ユンガー（Ernst Jünger, 1895–1998）の『労働者』において、労働者の「有機的構築」[*20]という考えによって極端にまで展開された。

これは、喩えて言えば、歴史的過程の「到達点」のようなものであるが、ここではその「出発点」を考察したい。自然概念の形而上学的な特権性は、これから立ち入って見るとおり、自発的な人間本来の創作の自発的な活動空間を排除してしまうか、より正しくは、見通しのつかないものとしてしまった。そして、強力な対抗運動の果てに、技術と芸術において創作を絶対化する要求が現れたため、自然そのものの有効範囲が奪われた。そこでドイツ観念論以降の哲学では、「存在とは何か」を問おうとする際、芸術が模範的な地位を占めるようになったのは当然の成り行きであった。それは、古代においては、あるいは古代に深く根づいた形而上学においては、自然が有していた地位にほかならない。

こうした主張は、そこからさらに議論を延長しても、読者に思考の強引な飛躍を強いることにはならないだろう。要するに、芸術と技術における人間の自発的な創作は、「存在と自然との同一性」という形而上学的伝統に逆らって生じたのであり、人間の活動を「自然の模倣」とみなす規定は、その同一性から当然導き出された帰結であるといったことを、ここで示したい。

もちろん以下では、歴史的背景をさらに徹底して考察しなければならない。

3　プラトン『国家』での「製作」

プラトン（Platon, BC 427–347）の『国家』第一〇巻を参照するところから議論を始めるのは有益だろう。周知のようにプラトンはここで、詩や模倣芸術全般を論難しているが、その論法は詩や模倣芸術の否定的な効果に照準を当てたものではなく、その由来、つまり存在論的な根拠づけのあり方に狙いを定めたものであった。芸術は自然を模倣するという考えは、芸術の規定のひとつにとどまらず、芸術に対する決定的な反論となった。この反論をより精細に示すために、プラトンは範例として、寝台と机という、二つの基本的な「道具」（σκεύη）を選んでいる。「職人《デミウルゴス》」（δημιουργός）は、これらの道具を製作する（*herstellen*）が、「画家」（ζωγράφος）はこれらを描写する（*darstellen*）。また職人は、寝台や机の発明者ではない。いかなる職人も、自分が製作するもののイデアそのものを産み出すわけではないからである。[*21] ここでは、「発明」の定義が否定を通して示されている。発明とは、イデアそのものの産出を言うのである。そうなると職人は、自身でイデアを産出するのではなく、根本的形象を既存の現実の中に見出すのでもないのなら、寝台や机のイデアをどこから獲得するのだろうか。現実に存在する世界の諸事物とまったく同様に、イデア界には寝台や机のイデアも存在するというのが、その答えである。[*22]

職人は道具を作るに際して、それらのイデアを精神の眼によって、あらかじめ与えられたものとして見抜くのである。これに対して画家は、イデアそのものを見抜くのではなく、それ自体イデアの模像であるものを見るにすぎない。画家をこのように批判し、そこから模倣芸術に対する批判を引き出すには、模倣を何かしら否定的なものと見る前提が織り込まれていなければならない。なるほどプラトンは、「模倣」の語を、「分有」と交互に代わりがわり用いながら、たいていは分有と同じことを言っている。とはいえ、「分有」（μέθεξις）は、現実の事物とその本来的なあり方であるイデアとの関係を強調するために用いられる積極的な表現であるのに対して、「模倣」（μίμησις）では、むしろ原像と模像との差異の否定的性格、あるいはイデア的存在に対する現象的存在の劣勢に力点が置かれている。[23] 模倣とは要するに、模倣されたもの自体と合致することではない。[24] それゆえ芸術は、技術的な製作物を模写した例に照らして、「本来の意味で存在するものから、三重に離れた位置を占める」[25] 派生的存在にすぎないとされるのである。職人は、何らかの需要があって、彼の作る製品が必要に適っているというのが存在理由になるが、画家はいったい何によってその存在が正当化されるのだろうか。

　イデアの模倣に関するこうした否定的な観点は、プラトン主義の長い歴史の中でさらに強化され、その結果、世界製作者《デミウルゴス》が可視的宇宙を作り出した最初の模倣すら、否定的な意味合いを帯びることになった。新プラトン主義におけるこのような極端な理解を考慮すると、中世後期のプラトン主義が、芸術作品を尊重するために、「模倣」という定番の思考を克服する多大な努力を払わねばならなかった理由が理解できるだろう。「自然の模倣」の考えが、人間の創作活動の尊厳を揺さぶるというのは、アリストテレス的伝統（「自然の模倣」をとりわけ積極的に取り込もうとした伝統）ではけっして承諾されないか、せいぜいのところ、辛うじて理解される程度と言えるだろう。

もちろんプラトン自身は、「分有」思想のもつ積極的な側面のほうを重視していたと考えなければならない。そのことは、ソクラテス・プラトンのイデア論がソフィストに対する徹底した攻撃であったのを思ってみればよい。ギリシアのソフィストは、絶対的な措定の思想、つまり既存の事実の内には根拠をもたない「設立《テシス》」（θέσις）という思想を初めて論じるようになった。[*26] しかしこうした考えからは、「創造的」といった概念で名指されるべき事柄はすっかり抜け落ちていた。国家・言語・道徳は、人間が設立したものとされ、人間の「技術《テクネー》（人為）」に委ねられる。そして「歴史」はソフィストの弁論術《レトリック》の中で、初めて人間の行為の産物と捉えられた。しかし歴史を生み出す遂行能力は、卓越した力とみなされたわけではなく、むしろその「技術的（人為的）」特徴は、人間の必要性の表現、自然の賜物の不足――つまり既存の構造秩序の欠落――の表現と解された。またソフィストの思想には、形而上学的な「卓越性」を担うべき精神的主体といった概念が欠けていた。そのため「設立」は、「自然」の対立概念ではあっても、結局のところ、自然の対立物を一般的に表す単なる「偶然《テュケー》」（τύχη）のようなものとなる。こうして、人間の行為の絶対的自発性という観念がようやく提起されたわけだが、そこに形而上学的な尊厳が付与されるには、果たして何が必要だったのだろうか。その答えは、あとから振り返ると実に単純である。「設立」が形而上学的な威厳を獲得するには、それが神学的概念とみなされ、神の特性であることが発見されればよかったのである。この考えは、神学的土壌へと移植されることによって感染力を増し、人間の自己理解の歴史の中で魅力を発揮した。すなわち、「神との類似」(ὁμοίωσις θεῷ)への神秘的憧憬から始まって、ルネサンスにおける「傲慢」(Hybris)という姿勢が神的特性を不敵にも強奪するにいたるまで、人間の意欲を駆り立てたのである。人間の創作活動はどこで最初に正当化されたのかという問いは、ここではあまり重要ではない。人間の創作活動はどこで、一時代の思考をこの観念へ収斂させうるほどの形而上学的な地位を獲得したかという問いが何よりも重要である。「必要は発明の母」とは昔ながらの常套句ではあるが、この「必要」だけでは、発明の理念に独自の輝きを与えることはできないし、発明の才を休みなく発揮させることもできない。

　ソフィストの主張は、仮象を根拠づけるものであって、存在を根拠づけるものではない。それは、真理と関係がないのである。「技術」(τέχνη)と「真理《アレーテイア》」(ἀλήθεια)とは無関係のままである。人間の行為には何の根拠もないというこうした主張とは異なり、人間の行為に何らかの根拠を示し、存在との関係や拘束性を与えようというのが、イデア論や、それに連なる「模倣」思想の動機であった。寝台や机を製作する職人は、現象世界では何かしら新しいものを生み出すわけだが、それはイデア界ではまったく新しいものではない。イデア界には、いかなる道具のイデアも常にすでに存在しているからである。これらのイデアは「自然界にある」[*27]（ἐν τῇ φύσει）寝台ないし机を意味すると語ることで、プラトンにおける「自然の模倣」という説の真意が理解できる。「自然を模倣する」とは、イデアを模倣することにほかならない。さてその先はどう考えればよいのだろうか。さらに遡って、イデアそのものの根源を問うことはできるのだろうか、あるいはイデア自体が、それ以上の根源をもたない絶対者そのものなのだろうか。プラトンの形而上学と、創造的活動という考えは相容れないのだろうか。

いずれにせよ、伝統的なプラトン主義はそのような印象をもたれやすいし、その理由も明らかである。しかし、いましがた引用した『国家』第一〇巻の個所では、神こそが——ある特定の寝台のある特定の製作者になるのではなく——真の意味で存在する寝台の真の製作者となることを望んだのだし、自ら製作する統一的自然において、製作物を「イデア」として根拠づけたのだと、明確に語られている。[*28] プラトンはこの主張を立て続けに三回繰り返し、本質を根拠づける神のことを「本性製作者《ピュトゥウルゴス》」（φυτουργός）と呼んでいる。ここにおいて、「創造」は初めて本質の根源的産出の活動と捉えられ、神の属性とみなされた。創造概念のこうした根本的な捉え方は、後世になって、聖書的な創造の理念が古代形而上学の助けを借りて具体化され、伝統として継承できるようになった段階で、明確に認識され承認されるようになったと考えるべきだろう。とは言うものの、しばしば十分すぎるほど語られるように、このような捉え方には、プラトンの著作のもうひとつの要素が絡んでいる。すなわち、『ティマイオス』における

「世界製作者《デミウルゴス》」の神話である。このデミウルゴスには、聖書的な創造神を先取りした姿を見ることは可能である。しかしながら、デミウルゴスはけっして創造的ではない。形而上学的な序列ではなく、活動のあり方を見るなら、デミウルゴスは、『国家』第一〇巻の家具職人とまったく同様な意味での製作者なのである。『ティマイオス』のデミウルゴスは、宇宙論的な根拠を与えるが、存在論的な根拠を与えるのではない。デミウルゴスは、そもそもイデア界と平行してなぜその現象的な重複物（現象世界）が存在するのかを説明し、アリストテレスにとって後々まで悩みの種となったプラトン哲学の難点を切り抜ける役割を果たす。デミウルゴスは、真の存在者たるイデア（新プラトン主義が考えたように、自己伝達の傾向をもつべきもの）を、把握可能な現象へ転化し、このイデアを感覚的言語へ翻訳する。デミウルゴスが、善の原理として認められる神ではない以上、原像（Urbild）自身にとってこのような「伝達」が必要かどうかはあまり重要な問題ではない。デミウルゴスと神の同一視は、キリスト教が成立する一世紀ほど前から始まり、キリスト教的プラトン主義を規定した。その歴史的な受容過程においても、『国家』の「本性製作者《ピュトゥウルゴス》」は目立った痕跡を残すことはなく、その代わりに『ティマイオス』の「デミウルゴス」が中心的な観念になっていったが、これは、「創造」の概念が「模倣」という構造的図式を理論的手引きとして解釈されたことを意味している。ここではいまだ人間の自発性という着想は十分に現れてはいないが、主体性の自己把握という概念的要素が神学的に培養される典型的な過程を考慮すれば、人間の自発性の理解もここですでに決定されたと言ってもよい。デミウルゴスの観念が神概念へと移行する過程には、「自然の模倣」に対する決定的な是認が含まれていたのである。

しかしさらに吟味すると、『ティマイオス』は、『国家』第一〇巻で叙述された立場を重要な点で変更している。これまで考察してきた問題に関して、アリストテレスはある意外な事態を報告している。アカデメイア派は、家や指環などの人工物にはイデアが存在しないと考えていたというのである。[*29] プラトン自身、あるいは彼の学派において、技術的対象のイデアが再び放棄されたのには、どのような事情があるのだろうか。デミウルゴスは、あらかじめ存在する原像を、所与の物質的素材の中で模倣する。その際にデミウルゴスは、自らの意向で勝手なことはできないし、選り好みができるわけでもない。デミウルゴスは、最善の結果の産出という原則に従うのである。彼が作り上げた宇宙は、「生成した世界のなかで最も立派なもの」(κάλλιστος τῶν γεγονότων)であり、デミウルゴスは自らの活動によって「原因となるもののうちの最善のもの」[*30](ἄριστος τῶν αἰτίων)と呼ばれる。この規定はイデア論自体によって、その存在論的・倫理的な二重の役割において不可避となる。イデアは、各々の製作物がいかに作られうるかを示す模範であると同時に、規範として、そのように作られなければならないという拘束力をもつ。そこからプラトンは、現実の宇宙の唯一性と同様に、イデア的範型に照らしたその「完全性」を導き出す。[*31] つまり、デミウルゴスはイデアの潜在的可能性を全面的に展開し、現実的世界はイデア界を十全に表現するのである。存在可能なものはすべてイデア界にあらかじめ存在するのであり、いまだ存在していないイデアを人間が創作する余地は残されていない。こうしてプラトン主義は、『国家』第一〇巻の重要な論点を避けたために、人間の創作活動の起源に関して明確な答えを出せないままであった。そこから唯一可能な帰結を引き出したのがアリストテレスである。製作された「新しいもの」は、すべて既存のものに差し戻される。可能なものと現実的なものは完全に対応するという理念に従えば、人間が精神的に独自の活動をすることは認められない。存在論的に言えば、人間の創作活動は、存在者を「豊かにする」ものではないのである。要するに、人間の創作活動では本質的には何も生じない。人間の創作物には独自の本来的な真理は具わっていないのである。人間の製作物が、伝統的形而上学にとって大きな意味をもたないのは、ことさら不思議でもないのだ。[*32]

4 アリストテレスにおける「模倣」とその展開

プラトンにおいて、構想全体の基礎固めがなされたうえ、アリストテレスにおいては、伝統的に流通する表現が見出されていった。原像の永遠性は、現実世界そのものの永遠性へと転化され、イデアと現象との完全な対応関係は、「可能性」概念を考慮に入れながら、宇宙の唯一性と完全性へと変換された。アリストテレスによるこのような変換過程では、規範性の契機は弱まった。自然が模倣されなければならない理由は、プラトンの立場からのほうが理解しやすい。現実世界は、絶対的な根拠をもった製作物であり、そのほかのあり方を考えるのは無意味だったからである。ストア学派もこうした考えを継承している。アリストテレスがプラトンよりも明確に示したのは、製作物はいずれにしても自然の反復としてのみ存在しうるという必然性である。自然とは、可能的なもの全般の総体なのである。精神は、すでに存在しているものすべてに関わる能力として規定されるほかはない。「質料」に即してすでに現実的に存在しているもののみが、可能的になりうる。宇宙は、同時に現実的なものと可能的なものの一切を包括しているのである。したがってすべての運動（アリストテレスの変化概念のうち最も広義のもの）の内在的法則は、存在の自己反復なのである。この根本構造は、事物と精神、自然と「技術」を包摂しており、最終的にはアリストテレス形而上学での絶対的存在者の内的構造となる。つまり「不動の動者」とは、「思惟の思惟」（νόησις νοήσεως）――つまり自己自身の内で自己を思惟する思惟――に見られる自己反復の純粋に精神的な形態なのである。絶対者が有するこの完結的な自己充足は、外部に向かって創造することもなければ、内部に向かって産出することもない（それにもかかわらず、キリスト教神学がこれをモデルとして取り入れたのは驚くべきことである）。絶対者の自己反復は、宇宙においては、「模倣」の構造へ移行する。この原理は、第一の運動圏の完全な円運動を、純粋に自己に還帰する最高存在を愛しつつ同化することとして説明する。そして絶対者の自己反復は、『気象学』における水の循環運動に反映する。[*33] この自己反復は、あらゆる生成過程の根本法則であり、この過程で生み出されるものはかならず自己自身の存在形態を再生産しているのである。存在するものは、存在するものだけから生じる。[*34]「技術」は、こうした宇宙論的な生成秩序の下位に位置づけられる。製作者は自己を反復することはない。技術的活動は、「模倣」に依拠しなければならないという点で、ただ間接的にのみ宇宙論的な根本構造に帰属する。技術的活動は単なる「力」(βία)や「偶然」(τύχη)ではない。こうして宇宙にとって「技術」もまた「救済」され、宇宙に組み込まれ、その唯一性と完全性を示すのである。やがてストア学派によって実現されるであろう宇宙の神学化が、すでにここで先取りされている。存在者全体が絶対的であるなら、存在の「増加」は起こりようがないし、それは神の力でも不可能である。意志は存在に対して無力である。意志にできるのは、すでに存在しているものを意欲することだけであり、神と同様に、「運動の内に保つ」ことだけである。こうして、アリストテレスの認識論が、彼の形而上学全体と同質であるというのは、おのずと納得できるだろう。[*35]

アリストテレスの「模倣」を解釈する際には、力動的な自然概念の意義が繰り返し指摘されてきた。その自然概念は、所与の形相の存立全体を意味するというよりは、存立をいつでも可能にする生成過程の総体――つまり、「宇宙の創造的な力、ないしその生産的原理」[*36]――を想定している。これが「能産的自然」(natura naturans)と「所産的自然」(natura naturata)という古典的な区別である。だがこれだけでは、プラトンと決定的に異なる存在論的な特徴を認めることはできない。プラトンの理論の最終形態を考慮せずに、イデア界の静止的性格を前提したとしても、世界製作者《デミウルゴス》の働きの内に、動的性格の発動が集中して現れているからである。アリストテレスは、イデア、質料、デミウルゴスのすべてを、自然概念の内に取り入れねばならなかった。それに応じて、「模倣」の思考も多義的なものになっている。したがって「自然の模倣」とは、既存の形相的本質を単に再生することではなく、創造的な過程を辿り直すことを意味する。「芸術は総じて、自然のやり方を模倣する」*37。われわれの問題設定では、このような区別にさほど決定的な意味を認めることはできない。それというのもアリストテレスは、自然のすべての生成過程は、確固たる形相的本質に管理されていると見るからである。自然は、自己産出の過程を永遠に反復する。だとすると、自然の「創造的力」はどうすれば認められるのだろうか。ここでは明らかに、近代において進化論が提起した自然概念の萌芽が含まれており、そのため当然ながら、アリストテレスの「芸術」に関する定義では「完成」《エピテレイン》（ἐπιτελεῖν）が誇張して解釈されている。そもそも自然にとって、完成がどれほど必要なのだろうか。自然において欠如はけっして「空白域」などではなく、事実上まだ達成されていないだけの生成目標にすぎない。あるべき姿に従って自然物を模倣するのが芸術家の課題であると語ったとき*38、アリストテレスは、その対象の超越的な規範を指していたのではなく、生成過程にもとづいて生成目的を「推定」し、「生成」《ゲネシス》（γένεσις）から「目的」《テロス》（τέλος）を理解することを考えていた。「芸術」が、存在者のそのつどの事実的状態を模範とするのではなく、形成を通して実現される生成目標、つまり「完全現実態」《エンテレケイア》（ἐντελέχεια）を目指す以上、自然概念の生成的側面が模倣にとって本質的となる。とはいえそれは、人間が何ものかを製作し、とりわけ芸術を製作することの意味を理解するためには、イデアを排除した場合でもなお、何らかの「理念」のようなものが必要だったからにすぎない。自然が形相的な恒常性を失えば、アリストテレスの「芸術」理論も基盤を失うだろう。永遠に反復する有限な個体発生の代わりに、突然変異と自然選択によって生じる無限な系統発生が「能産的自然」の概念を規定するのだとしたら、自然のどこから、存在目的の形式を取り出すことができるだろうか。この例から、哲学の根本概念は、いつでも意のままに再生できるものではないことが分かるだろう。

アリストテレスの「技術」論の中核は、作品を製作する人間にけっして本質的な役割を認めないという点にある。ここでは、いわゆる「人間の世界」は、根本的に存在しないのだ。作品を製作したり行為したりする人間は、自然の目的論の一部に組み込まれている。人間は、自然が実現したであろうもの、すなわち自然にとっての存在目標を実現するのであって、人間自身の存在目標を実現するのではない。「技術」と「自然」は、構成原理に関しては同じであり、ただ前者は「外部から」、後者は「内部から」それを達成するというだけの違いである。[*39] 完成は、成長の中に織り込み済みである。したがって、技術的・美的作品には、未来の展開を示唆する意味しかなく、独自の真理内容があるわけではない。芸術作品でなければ表現できないことを、その作品を通して経験する可能性は考えられていない。つまり芸術作品は、いまだ人間の自己認識や自己確証の媒体とはみなされていないのである。

ヘレニズムにおいては、擬アリストテレス文書『宇宙論』によって、ヘラクレイトス的思考が導入されることで、「模倣」思想に少なからぬ変容が生じた。[*40]「模倣」は、自然における形相的本質よりも、むしろ自然の形式的構造に関係づけられた（ただしここで言う「形式」を、アリストテレス的・スコラ学的な「形相」の意味で理解してはならない）。ヘラクレイトス（Herakleitos, ca. BC 540–ca. 480）によれば、宇宙とは、互いに止揚されることのない諸対立からなる構造物であり、それはちょうどポリスが、貧者と富者、若者と老人、弱者と強者、劣等者と優越者を構成員としながら、なお統一を保っているのと同様である。自然は、男性的なものと女性的なもの、乾と湿、暖と冷のような対立の中で自らを実現する。同じく「芸術」は、まさにこの点で自然を模倣し、たとえば絵画はさまざまに異なる色を用い、音楽は高い音と低い音から調和《ハーモニー》を作り出し、能書は母音字と子音字を組み合わせる。ここでは模倣を形式化して、作品の独自性を認める「余地」が生じているのは間違いないが、音楽や言語（文字）と自然の過程との相違はまだ認められてはいない。

ストア学派は、宇宙の充足性と完全性を神学的尊厳の表現にまで格上げすることで、模倣の形而上学的基礎を明確に補強した。しかしその一方で、目的論的思考の普遍的理解によって、人間の地位が高められている。自然は人間に即して設《しつら》えられており、人間の製作活動は、このような配置を受容し実現することなのである。ポセイドニオス（Poseidonios, ca. BC 135–ca. 51）が、色彩を帯びた事物の起源を太陽に求め、太陽こそ鳥の羽や花や鉱物の鮮やかな色彩を作り出し、人間の「芸術」もいわばそれに奉仕するものとみなしたとき、[41]「技術」は宗教的にも承認された。自然と技術のあいだには、もはや明確な境界は存在せず、同一の「活動性《エネルゲイア》」が働いている。「芸術」とは、別の手段による自然なのである。キリスト教の創造概念によって、神の作品である自然と、人間の作品である「芸術」のあいだに再び境界線が引かれたが、この点も、色彩を帯びる産物の例を挙げて、魅力的に示される。教父のなかには、織物を精巧に編むことに反対し、その理由として、もし人間にとって色のついた衣服が望ましいのなら、神は色のついた羊を創造したことだろうと書いている者もいる。テルトゥリアヌス（Quintus Septimius Florens Tertullianus, ca. 160–ca. 220）はさらに議論を進め、特徴ある反芸術論を展開した。「神自身が創造したものでなければ、神は壽《よし》とされない。神は、緋色や瑠璃色の羊を創造することはできなかったのだろうか。神にそれができた〔にもかかわらず、そうしなかった〕ということは、神がそれを望まなかったことの証しである。神がなすことを望まなかったことは、人間もこれをなすべきではない。……神に由来するのでないものは、紛れもなく、その敵である悪魔に由来するものに違いない」[42]。ここでは、自然と「芸術」が二項対立に置かれることで、「技術の悪魔学《デモノロジー》」がすでに先取りされている。またここでは、自然を神の「意志表現」と見る新たな根本的理解、および神が意志することで事実となった存在とは異なる別種の可能性を想定することが必要となった。

しかしこれまで、とりわけ特徴的な区別を明確にしようとして、議論を急ぎすぎてしまった。

ポセイドニオスにとって自然の模倣とは、自然と人間を貫くひとつの同質的な過程全体の表面にすぎない。「模倣の理論からは、本性の関連という理論が導き出される。発明とは、自然の中にあらかじめ書き込まれていることを読解し、判断し、識別することなのだ。自然が模範となるのは、人間の力によるのではなく、おのずからそうなっているのである。人間は、自然の本質的な可能性に従って自然を充足させるのであって、自然にとって偶然的な可能性に従ってそうするのではない[*43]」。

自然があらかじめ書き込んでおいたものを「発明」するのが、賢者の務めとみなされた。それによって初めて、作品製作もただちに古典的な理論に取り込まれ、物質的な文化にとっても、哲学がその基盤となった。ポセイドニオスに対する小セネカ（Lucius Annaeus Seneca, BC 4/AD 1–65）の反論は、こうした基本的構想に向けられたというよりは、技術的完成が自然そのものの最高の帰結とみなされるその「高評価」を標的としていた。なぜなら、そのような評価によって、理論的な理想が、キケロ（Marcus Tullius Cicero, BC 106–43）の場合と同じように、絶対的な地位を失うからである。目的論のこの同じ原理を使って、セネカはちょうど逆方向の議論を展開している。完全に人間中心の自然は、それだけで満足を与えるのであり、技術や労働を不要とみなし、それらに贅沢品の烙印を押すというのである[*44]。自然がすべての必要を保証してくれるなら、「自然の模倣」など必要ない。すると、自然から「技術〔芸術〕」への「移行」を正当化するものは存在しないことになる。すでにここにおいて、「技術〔芸術〕」と「傲慢《ヒュブリス》」は根本においてひとつであり、ともに自然と神の「摂理」に対する不満から生じる。人間は、その人為的な必要や、「生の容易な活動」(facilis actus vitae)への倦怠から、「技術〔芸術〕」を生み出す。「われわれはあらゆるものの準備が整ってから生まれた。しかしながら〔本来は〕易しい〔はずの〕ものを軽んじてしまったために、それらすべてを自分たちにとって難しくしてしまっている。……自然は、自然が必要とするものに対しては十分なのだ」[*45]。

このような対立を見ると、ひとつの同じ形而上学的原理から正反対の結論が導き出されているのが分かる。ポセイドニオスは「模倣」の理念を、その内在的な前提に応じて昇格させ、その結果、自己自身を模倣する自然という循環的イメージによって、「模倣」の理念をほとんど解消してしまう。これに対してセネカは、自然の目的論的な采配に飽き足らず、自身の欲望を限りなく駆り立て、奢侈を味わう快楽――もとよりこれは否定的な意味合いであるが――に目覚める人間本来のあり方を、技術的な労働や製作の意志の根源と見ている。この場合、「技術〔芸術〕」への衝動は、自然の拘束性と、自然の完全性の否認とのあいだで動揺しているため、模倣は根本的に意味を失う。ここで見られる否定的な態度は――否定的な態度一般がたいていそうであるように――かえって「模倣」の本質を露わにすることとなった。

5 創造概念の導入

これまで、模倣の理念が解体され、なし崩しにされる歴史を辿ってきたが、この歴史は、例えばポセイドニオスに対するセネカの論戦から想像されるのとは異なり、模倣の理念に潜む矛盾をさらけ出すものではなく、むしろ新たな外的要素である神学的理念が始動する過程であったと言える。ただし、聖書の創造論が新たな前提として導入された点を指摘して一件落着とはいかない。それどころか、創造論の衝撃は、既存の存在理解の内にほとんど抵抗なく吸収されたのは明らかである。模倣の観念にとって構成的な要素として取り出されてきた両契機——自然の範型的な拘束性と、自然の本質的な完全性——は、まずは創造概念と無理なく折り合いを付けたように思われる。事実として与えられた自然の「拘束性」は、そこに創造者の「意志」が顕現しているとする思想によって強化されたと言うべきであり、この点に関しては、すでに見たテルトゥリアヌスの例を傍証として挙げることができる。そして当初は、自然の拘束性を何らかの意志の作用によって基礎づけるこの思考が、やがては可能的なものの創造的実現である所与の世界の「必然性」に疑問を呈するようになるとは、まったく予想されていなかった。そこでテルトゥリアヌスは、すでに見た引用文にあるように、自然な諸事物における神的意志の発現を描くに当たって、神は「意志されないものを創造しない」、そして「創造されなかったものを意志することはない」と述べざるをえなかった。しかし、この「意志されず、創造されないもの」とはそもそも何のことだろうか。自然界で実現されなかった存在可能性のことだろうか。そのような結論はまだ予想できない。存在可能性には、自然の「事実性」と「不完全性」が含まれ、「人工的なもの」に可能性の余地を与える。この解決案によって、創造概念に含まれる意志の契機が、どのような存在論的な帰結に達するかを示すことができる。自然の法則性が神の意志の表現であることを厳密に根拠づけるには、法則の反対の側面として、意志されなかったさまざまな可能性が確かに存在しなければならない。このような可能性は、大胆で貪欲な好奇心を惹きつけるものであった。

　この文脈で見ると、創造概念とともに芽生えたキリスト教的な新たな存在理解は、アウグスティヌス（Augustinus, 354–430）によって初めてその全貌が示されたという、従来しばしば語られてきた主張は、適切ではないことになる。むしろアウグスティヌスは、創造思想に内包されている結論を、古代の存在論の枠組みで受容したにすぎない。アウグスティヌスが、「第一質料」（materia prima）を絶対的な「無」（nihil）へと還元することによって、「無からの創造」（creatio ex nihilo）をあらゆる面で二元論から守ったというのは、もとより正鵠を射ている。しかしこの点にのみ、問題の核心を見ようとするのは誤っている。神の創造的な精神が、いまやプラトン的な「叡知的世界」（mundus intelligibilis）と同一視されることが、ここで何よりも重要であった。イデアと世界製作者《デミウルゴス》の能力とがここでひとつの要素に統一される。とはいえ、「叡知的世界」は一個の全体――プラトンの言う「思考的生命」（ζῷον νοητόν）――であり、ただ付随的に「感覚的世界」（mundus sensibilis）へ転換できるにすぎない。新プラトン主義においては、物質的世界と精神的世界の対応が徹底されたが[*46]、アウグスティヌスはその思考に完全に囚われている。創造を決断する神の意志作用が関わるのは、唯一のイデア的世界という固定された全体に対してのみである。したがって、神の意志によって現実化されるのは、創造の「事実」のみであって、創造の「内実」ではない。アウグスティヌスにおいては、「全能」の概念は、いまだ「無限性」の概念と結び付くにいたっていない。そのせいでアウグスティヌスは、存在と自然本性の合致という古代的思考の領域にとどまっているのである。すでに創造された既存の事実については、創造者ですら別の選択肢はもっていない。創造の働きが生じたのちは、本質的で根源的なものはもはや何も現れない。有限な世界と神の潜在力の無限性がいかに相互に関わり合い、存在の現実と存在の可能性がいかなる関係にあるのか、それを考え抜き、結論を導き出すことは、中世において最も困難かつ豊かな課題となった。

アウグスティヌスの存在論の古代的性格を強調するこうした主張に対して、筆者がミュンヘン大学で講義を行った際、ヘンリー・デクー（Henry Deku, 1909-）が異議を唱えた。デクーは自身の精緻な研究において、「論理的可能」（possibile logicum）の形成をアウグスティヌスまで遡り[*47]、イデア界・現実世界の両者を包括する存在可能性の領域（本論で筆者が創造の根源性が生じる「余地」とみなしたもの）が創出される歴史を丹念に追跡していた。デクーはとりわけ、実際に「可能性」の概念が集中して使用されているアウグスティヌスの論考『霊と文字』に依拠している。しかし――アウグスティヌスにおいてはおおむねそうであるように――『霊と文字』では、「可能性」の概念はただペラギウス派との論争の文脈に置かれ、恩寵の神学という文脈に限られている。このテクストでは、人間にとって罪を免れた状態の可能性、つまり「罪を犯さない可能性」（possibilitas non peccandi）が問われ、人間の行為自体に具わる可能的性質——つまり、ただ恩寵からしか生じない救いとは区別される「自然的可能性」（possibilitas naturalis）——が論じられている。[*48] この場合、神は存在の根拠としてではなく、救いの根拠として考察され、同様に人間の「可能性」も、救いに値する性質に関してのみ論じられる。『霊と文字』は、アウグスティヌスがそれ以前に著した『罪の報いと赦し』と同様に、護民官マルケルリヌス（Marcellinus）に宛てられ、『罪の報いと赦し』に関する〔マルケルリヌスの〕反問に答えようとしている。すなわち、「誰もこの現世において、過去・現在・未来にわたって、かくも完成した義の内に生きることはない」と認めなければならないなら、人間が善なる意志や恩寵の助けによって原理的に無罪性にいたることができるなどと、どうして主張できるのかという問いである。つまり言い換えるなら、「実例が存在しないような事柄を可能であるとなぜ主張できるのか」という問いである。[*49] こう問いかけたマルケルリヌスは、少なくとも完全に古代存在論の地平で思考している。つまり、可能性はただ現実性によってのみ証明され、イデアを実現した「本来的に存在するもの」によって確証されるという発想である。この論証は、創造の思想に反対したルクレティウス（Titus Lucretius Carus, ca. BC 94–ca. 55）の議論に酷似している。ルクレティウスは、創造の手引きとなる「実例」（exemplum 範型）は、すでに現存する自然によって示されるのであり、その「範型」が存在しない以上、つまり「自然そのものが、創造の雛型を示してくれないなら」[50]、神々が自然の創造主ではありえないというのである。マルケルリヌスの反論は現在残っていないが、そこではおそらくこのような立場が取られていたに違いない。それというのも、アウグスティヌスはマルケルリヌスに対して、「実際のところ、実例のないものが起こりうると主張するのは、あなたには奇妙に思われるでしょう」[51]と書いているからである。ここで聖書の啓示が、「神にとって容易なこと」(apud Deum facilia) を理解する新たな手引きを提供する。なぜなら聖書において、神は自身にとって可能なことを教え、「事実」ではなく「言葉」によって、神にとって可能なことの証拠を示しているからである。「針の穴を通る駱駝」や、「山をも動かす信仰」といった言葉がそれである。「私たちは、それが実際に行われたということを、どこかで読んだことも聴いたこともない」[52]。しかしこのような神学的な可能性の考察は、アウグスティヌスの形而上学の存在論的基盤に触れてはいない。ここでは単に、神が自らの創造物である人間を、その根源的な存在構成に照らして——プラトン的に言うなら、そのイデアとの対応において——再創造する可能性にしか言及されていないからである。イデアによって先行的に形成された世界の地平は、人間の救いの可能性を問うことで拡張されるのではなく、ただ再統合されるにすぎない。したがって「神にとってはすべてが可能である」[53]と言うとき、この「すべて」は、創造された事実的なものを超える余剰の可能性をまったく意味していない。「叡知的世界」と「感覚的世界」の対応関係は、人間の原罪によって損なわれてしまったため、人間は、この欠損が改善される可能性を問うことしかできない。

「罪を犯さないことができること」(posse non peccare) を人間が保持するのは、論理的な必須条件である。この可能性がなければ、「罪を犯すことができる」と語るのも無意味になってしまうからである。人間とは、自らのイデアとの対応関係を意のままに操れる存在であると定義することができる。しかしこのような自由は、イデアの限界の内部でだけ考えられている。

「意志」という要素は、すでにヘレニズム以来、宇宙開闢論《コスモゴニー》の内に導入され、アウグスティヌスによって大きく開花した。この「意志」の要素が、古代存在論の継続にとって最大の「阻害概念」となり、「現実化された世界を非必然化する影響」[*54]を及ぼしたのは疑う余地がない。しかしアウグスティヌスは、意志の要素によって自身の存在理解が徹底的に破壊されたとは感じなかったし、既存の世界観の地平が実際に粉砕されたような衝撃を受けることもなかった。推察するに、それはおそらく、「第一質料」(materia prima) を排除し、その思考と必然的に結び付いた二元論的傾向を取り除くことこそが、マニ教によって浮上した差し迫った問題であったためだろう。アウグスティヌスが「創造されたもの」(creatum) と「創造可能」(creabile) を区別しているのを見ると、われわれの問題設定に近いものを感じるが、「創造可能」という表現が物質的な基体を指し、アウグスティヌスがそれを「あなたが創造した」(tu fecisti) ことに含めて考えようとしている[*55]ことには、失望せざるをえない。「いまだ存在していないが存在しうるもの」が語られるとき、それはいつでもアリストテレス的意味での存在可能、つまり形相的な未規定性である質料と同一視される存在可能を指す[*56]。創造概念に関して意志を強調するのは、創造を理性的行為と理解するよう求めるグノーシス主義の立場に反対するためであり、それがまた意志を理解するうえでの限界にもなっている。「神はすべてを非理性的に創設したなどと、誰があえて言うだろうか」。[*57] しかしこの一文では、理念的世界と現実的世界との対応を手引きとして、したがってプラトン的な世界製作者《デミウルゴス》をモデルとして、「理性的」ということが理解されている。そのため、「全能」の概念と「無限」の概念は必然的に分離したままである。古代の理解では、「無限」は合理性と調和しない考えであり、質料的な「無規定なもの《アペイロン》」と捉えられるからである。「無限性」はいまだ神の属性としては現れていない。しかし、神の「能力」(potentia)を「無限な能力」(potentia infinita)とみなすと、ようやく、「可能」(possible)をもはや「能力」(あるいはそこに含まれるイデア)から理解する代わりに、逆に「能力」を「可能」の側から定義する論理的な必要性が生じる。[*58] こうして初めて、可能性概念の論理的な外延が基準となり、「全能」(omnipotentia)の外延としての「全〔すべて〕」(omnia)とは何を意味するのかという問いにとって、イデア界は重要性を失った。その結果として、「合理性」の概念は「無矛盾性」に還元されることになった。とはいえ、アウグスティヌスにおいて「理性」(ratio)の概念はいまだ範型的イデアの概念と結合しており、したがって有限的で対象的な関係性を含んでいた。いまやようやく、創造的なものの存在論的「余地」に関するわれわれの問いにとって、確かな一歩が踏み出された。有限とみなされた世界は、存在可能性の無限の宇宙——神的全能の可能性——を汲み尽くすものではないし、汲み尽くしうるものでもない。有限な世界は必然的に、この〔無限の〕宇宙の事実的断面にすぎないのだし、そこには、実現されていない存在の余地が残っている。それは当然、神の継続的で脅かされることのない留保分であり、人間が自らの可能性を問いかける際にもいまだ考慮されない残留分である。しかしここでようやくこのような余分な領域が、全能概念の考察の内に存在論的に取り込まれ、世界の現実の背景として共に理解されることになった。それによって世界の存在の「事実存在」が自明性を失っただけでなく、その「内実」もまた、神の特別な決断の行為と考えられるようになった点では、こうした思考は際立って宗教的な性格をもっている。ここでさらに哲学的批判の基盤も拡張され、意識的形成に関わるさまざまな問いが徐々に成立した。事実存在としての世界は、比較考量の可能性に対する存在論的前提である。またそれは、いまだ実現されていないもの、事実によって充足されていないものの領域において、人間固有のものを設定し、本来的に「新たなもの」を実現し、「自然の模倣」への依存を離れ、自然が足を踏み入れたことのないところへ一歩を踏み出そうとする、そうした衝動と誘惑の前提でもある。

6　スコラ学から中世末期までの創造性の理解

もとより中世ではまだ、こうした誘惑はまったく見られなかった。大胆な思弁的思考は、人間の可能性ではなく、神の可能性を極限まで考えることに費やされていたためである。神学において見出された存在と自然の不一致を、それ自身として創造的な独自性の可能性と認めて掌握するまでには、いま少し決定的な要素が必要であった。

「全能」と「無限性」の両概念の接触は、十一世紀に始まっているように思われる。十一世紀において神学は、とりわけ実体変化説に対するトゥールのベレンガリウス（Berengarius Turonensis; Bérenger de Tours, ca. 1005–88）の一撃に見られる「弁証家」からの攻撃によって、神の全能の概念を体系化する必要に迫られた。特にペトルス・ダミアニ（Petrus Damiani, 1007–72）がその著作『神の全能について』を通じて指導的な役割を果たしている。[*59] その第一二節から特徴的な修辞疑問を引用しておこう。「神が新たな条件を創造しえないなどということがあるだろうか」。いまや世界の存在は、独特の偶然性や反駁可能性、仮定上の代替可能性といった特徴を帯びるにいたったが、それらの特徴は、中世末期に存在の事実性をめぐる不安によって、論理的な要素から、感情的な——つまり人間の自己関係的なあり方に関する——要素へと移行した。その移行過程をここで詳しく述べることはできない。いまは、存在と自然との不一致が増大し、創造的な根源性の余地が重要性を増したことを示唆できれば十分である。この過程を「有機的」と捉えることはできないし、過去から継続する歴史的必然性をその過程に帰することもできない。すなわちその過程には、ア・ポステリオリに、しかもその種の考察が拠りどころとする選ばれた標本《サンプル》に即して見出される歴史的必然性を認めることはできないのである。すぐ分かるように、存在論的な前提の転換という過程においてスコラ学が果たした役割は、「歴史的必然性」の考えとは調和しない。アリストテレスの受容によって試みられた古代の再建が強引な反動ではなかったというのは、古代の思想的遺産の継承は元々かなり強力なものであったとするアウグスティヌスの見解からも明らかである。さらに興味深いことに、盛期スコラ学による古代形而上学の新たな活性化の背後には、目立たないながらも重要な動きが認められ、あえて時代を遡るまでもない変形がそこに生じているのである。

アウグスティヌスにおいては、ことさら表現するまでもない当然のものとみなされていた存在論的前提は、スコラ学の思考にとっては「問題の多い」ものとみなされた。アウグスティヌスに関するこれまでの考察との関連で言えば、アルベルトゥス・マグヌス（Albertus Magnus, 1193/1200–80）が、アヴィケブロン（イブン・ガビロール）（Avicebron; Ibn Gabirol, 1021/22–54/58/70）の『生命の泉』を、形而上学的光と意志が同一視されているという点で反駁した一節が興味深い。「意志は第一のものではありえない」。[*60] 神の意志の働きは、世界の「存在」にのみ、つまり「あれ」（ut fiat）という命令にのみ関わるのであり、「作られたものの形相」（forma operis）――イデアによって先行的に形成されている自明な全体を前提とする存在の本質的成立――には何ら影響しないというのである。

トマス・アクィナス（Thomas Aquinas, 1225–74）もなおこの立場を守っている。とはいえ、自然の模倣と並んで、神の模倣という理念が、基礎づけのもう一つの経路として浮上することで、自然の模倣の原理はいくらか緩和された。[*61] こうした事態は、アリストテレスが至高天の完全な円運動を不動の動者の模倣としたときに、構造的にはすでに現れていた。しかしそうした議論の豊かさは、この時点で使い尽くされてしまった。そのためアリストテレスは、例えば家の成立を説明する場合、建築家は家を建てる際に、自然において生成するはずのことをある程度実現できるとしか言えなかった。つまり建築家は、自然の産物を人工的な構築物として思い浮かべ、そこから想定された表象を模倣しなければならない。こうして、「模倣《ミメーシス》」の普遍的な妥当性は守られた。これに対してトマスは自然の模倣を、自然が実際に産出できるものに限定している[*62]。しかし、家などは純粋に人工的な産物である。「あらゆる家が技術によって成り立つように、技術によって製作がなされる」。これは〔アリストテレスと〕逆のことを言っているわけではないにしても、重点の移動が見られる。『自然学註解』では、最初に『自然学』第二巻八（199a15–17）の基本的なくだりが引用され、この点をいっそう明瞭にしている。トマスが用いたラテン語訳では、「技術は自然が成し遂げられていないものを完成させる」となっており、この一節には、「つまり、技術は、自然が作ることのできないものを作り上げる[*63]」という註釈が付されている。これは、アリストテレスが言わんとしたことよりも、さらに徹底した表現である。アリストテレスは、自然を完成させる人間の活動について語る際には、自然によってあらかじめ想定されたもの、つまり自然における未完成の存在を前提した。しかしトマスの場合、なぜ自然の模倣がこれほどあからさまに必然性を失うのか、そしてなぜ「技術」が自然の一連の流れから脱け出すことができるのかは、はっきり語られてはいない。

トマスの同時代人であるボナヴェントゥラ（Bonaventura, 1217/21–74）は、創造概念を第一動者の形而上学によって解釈するアリストテレスのやり方をかならずしも踏襲していない。ボナヴェントゥラの思考体系では、神がその業を通じて自らを伝達しようとするという意味での神の意志の要素が失われかけているためである。ここでの「伝達」とは、神の無限の力がいわば「自動的に」実現することではなく、自らを有限で把握可能なものの領域に限定し、有限な存在者にとって受容可能にすることを意味する。[*64] 一切の可能なものではなく、何らかの特定のものを理解可能にしようとする表現意志は、この世界において自らを告知するのである。「すべてではなく、多くのものを」。つまり神は、被造物を通して自身をその偉大さに即して顕わにするために、可能なものの宝庫から、すべてではなく、多くのものをもち出してくる。[*65] 純粋に感覚的な解釈をするなら、ここでの「多くのもの」と「すべて」の違いは、おそらくは人間にとって妥当かつ有利なかたちで残された「留保分」と理解されるものであって、人間は、存在に対する所有と接近に関して自身の権利が部分的に剥奪されていると感じる理由は何もない。しかしすでにウィリアム・オッカム（William Ockham, ca.1280–1347）は、フランシスコ会の伝統を極端に推し進め、ボナヴェントゥラの表現を逆転させ、「多くのもの」を他の側面へ移行させ、「意志されず実現されなかったもの」という意味へ転じた。「神は、自らが意志しない多くのものを創造することができる」[*66]。この一節では、存在の事実性に関する深刻で鋭敏な意識が現れ、なぜこの世界のみが存在して、他の世界ではないのかという問いが肥大しているように感じられるだろう。この問いには、アウグスティヌスの端的な回答、「なぜなら神がそれを意志したから」という、答えとも言えない答えを投げ返すほかはない。合理的には解決しえないこの厄介な問題は、事実性に関する堪えがたさの意識を喚起する。そのため問題の重点は、「創造されたもの」の内で感受される神の意志表現から離れて、「創造されなかったもの」に含まれる意志の留保のあり方へと一気に移動する。重点が移行するこうした過程を最も顕著に読み取ることができるのは、その変化を直視し、受け取り、積極的な意味を与えようとする試みにおいてである。

そのような努力は、何と言っても、ニコラウス・クザーヌスの著作に、実にさまざまなかたちで示される。クザーヌスは初期の段階で、創造されなかったものの非被造性を正当化するために、現に実在する世界を存在の最高の形式と想定し、創造原理たる「作られた神」*67（Deus creatus）の自己表現とみなして、ライプニッツ（Gottfried Wilhelm Leibniz, 1646–1716）の試みを先取りしている。しかしこのようなキリスト教化された新プラトン主義は、思弁的神学とは正反対の二つの要素を内部に抱え込むことになった。一方で、創造主とその業の完全性の概念を最も厳密に理解するなら、現存するものより完全なものは創造されえないことになる。他方で、神の力の概念を最も厳密に理解するなら、創造主が成し遂げた業は、創造主の偉大さと完全性によって可能なことを最大限に実現した作品ではないとも言わざるをえない。この撞着から抜け出すのは困難である。ほぼ二〇年後の著作『緑柱石について』においてクザーヌスは、創造を考察するのに、実定法制定のモデルを用いて、君主の意志が法的効力を有するという〔ユスティニアヌス法典の〕『学説彙纂』の文言を二度にわたって引用している。[68] 思考の歩みの最終段階で、クザーヌスは『球戯について』において、それ以前の二つの立場を、観点の相違に由来すると考えて調停しようとする。可能性という自由空間が存在するのは、神の側から見てのことであって、世界の側から見るなら、そのようなものは存在しないというのである。[69] ここでは、可能性概念の形而上学化が図られている。神は単に可能的なものを有しているのではなく、また創造することによって可能的なもののなかからどれかを実現するというのでもなく、神は可能性自体を創造したのである。「可能にすることそのものが創造された」。これは明らかに、懸案の問いの力を弱め、排除することを狙っている。クザーヌスが論理の形而上学化によってそれを試みたとするなら、のちにルター（Martin Luther, 1483–1546）は、神学の排他的性格を徹底することでそれを成し遂げた。ルターは、オッカムの思想に正面から反論し、「全能」とは、文字通りの意味以外には、論理的に説明可能な意味をもたないと主張する。つまりそれは、神が本来は可能な多くのことを実際には行わないという意味ではないというのである。[70]〔オッカムが提起した〕神の「絶対的権能」（potentia absoluta）の捉えがたさは、中世末期の思想全体を不安にさせたのと同様に、若きルターをも怯えさせた。神の「絶対的権能」は、啓示の手段として、神自身によって「秩序づけられた〔制限された〕権能」（potentia ordinata）へ限定されると考えなければならない。恩寵による神の自己限定を超えて、それ以上のことを問おうとするなら、恩寵の働きを拒絶しているとの謗《そし》りを受けざるをえない。可能性の無限の領域に対する問いを封じてこそ、われわれは、目前に広がり迫って来る不確実性から身を護ることができるのだから。

7 近代における模倣

しかし一度噴出した問いの奔流を堰き止めることはできない。それが向かう先に関しては、すでにデカルト（René Descartes, 1596–1650）がほぼ全体の概略を語っているのを見ることができる。デカルトにとって哲学は、可能的なものの体系になる。いまや存在の現実性は、存在の可能性の側から理解される。こうした変化に応じて、「仮説」が新たな意義を帯びるようになる。仮説こそが、構成的で可能的な存在の関係性を認識しようとする意欲を満たすのであり、事実的な連関に関する問いを二の次にするからである。「構成」を目指す意志にとっては、〔仮説において〕たまたま自然が模倣されるのか、あるいは仮想的な解決案が提起されているのかは、重要ではない。効率《エコノミー》という規範的原理は、人間精神にとって、自然のさまざまな産物に関する理念ではなく、自らの活動に関する理念となる。可能な複数世界の諸原理は、無限に豊かなのであって、そこから演繹された仮説的構成物が現実の世界と一致するのは、単なる偶然の産物にすぎない。*71 すでにデカルトにおいては、自由の理念と、事実的所与に対する理性的法則の独立性が関連づけられているのは明瞭である。デカルトは、「精巧に作られた機構《メカニズム》」を例に挙げて、「天賦の才」（vis ingenii）を、「いまだかつてどこでも見たことのないもの〔機構〕を自ら考案することができるような」[*72]、存在に関わる独自の能力として示してみせた。神が可能的なもののなかから創造されるべき世界を選び出すように、人間は自分で世界を「選び出す」のである。さらにライプニッツは、これらの複数世界を予定調和によって互いに繋ぎ合わせ、形而上学的な楽天主義《オプティミズム》によって無限の可能性の重圧との均衡を図ろうとした。しかし十八世紀後半になって、こうした根拠薄弱な楽天主義が解体するに及んで、事実の威力が増し、存在の現実は、存在の可能性の領域において、ただ任意の一点という価値しかもたなくなる。その場合、可能なものが可能なままにとどまっていることを正当化するのは困難になり、自然の存立は、機械的な配置の事実上の結果とみなされざるをえない。そうなると、人間の活動による模倣にとって、自然は規範や模範にはなりえないだろう。自然の事物は偶然に形成されるのであり、人間の活動のほうが、美的にも技術的にも必然的なものとして、自然の偶然性に対立することになる。

ライプニッツにおける「すべての可能世界のなかで最善の世界」という思考のうち、後世まで影響を与えたのは、「最善の世界」という要素ではなく、むしろ可能的世界の無限性という要素であった。現実的世界はもはや選りすぐりの最善の世界を表現していると信じられなくなった時点で、可能的世界の無限性こそが思考を惹き付けるようになったためである。オスカー・ヴァルツェル（Oskar Walzel, 1864–1944）は、形而上学的な背景を想定するところまではいかなかったが、ライプニッツから十八世紀中葉における「創造的天才」の理念にいたる関連を暗示している。[73] ヴァルツェルはとりわけ、神と創造的天才との類比が、芸術家が自分自身を神になぞらえる着想といかに繋がっているかを明瞭に示した。論理的に言うなら、ルネサンスと疾風怒濤《シュトゥルム・ウント・ドランク》時代の関係について、これ以上付け加えることはない。決定的に重要なのは、神と芸術家を比較する際、「文学」が特別な意味をもったことである。神と建築家ないし造形芸術家との比較は古代まで遡るが、近代では「文学者〔詩人〕」が特権的な意味で「創造者」とみなされた。これはけっして偶然の結果ではない。もはや容易に理解できるように、この変化は「模倣」の理念が解体したことに起因するのである。レオナルドでさえ著書『絵画論』において、画家は自然を模倣することで自然の創造主たる神を模倣していることを認め、画家と神との類似を語っていた。そしてマニエリスムが「模倣」に反旗を翻し、事実上、自然を過度に変形する技法に道を拓いた。詩学の伝統を見ると、「模倣」が拒絶されることで、まずは古代の典範による文体様式の縛りがなくなり、表現形式の個性が謳われて、アリストテレスの詩学やキケロ的伝統の体系が揺らぐことになった。[74] ユリウス・C・スカリゲル（Julius Caesar Scaliger, 1488–1558）はすでに一五六一年刊行の『詩学』で、詩と他の芸術との違いを定義し、詩こそが「告知」（condere）であって、その他の芸術は単なる「物語」（narrare）にすぎないと述べている。つまり詩人は存在を作り出し、「もう一人の神」（alter deus）として「もうひとつの自然」（natura altera）を産出するが、その他の芸術は既存の事柄をあとから語り直すにすぎないと考えたのである。[*75] この見解は、この時点では存在論な基盤を欠いている。その基盤を与えたのはライプニッツである。とはいえライプニッツですら、可能世界の無限性という思想を究め尽くしたわけではないし、ましてや形而上学的な楽天主義ゆえに、その思考を最後まで推し進めることはできなかった。[*76] ようやく「スイス派」の人びとが、創造的詩人の観念と「可能世界」の思考を積極的に接触させたおかげで、芸術はそれ以降「形而上学的活動」の地位を得た。ヨハン・ヤーコプ・ブライティンガー（Johann Jakob Breitinger, 1701-76）が一七四〇年に公刊した二巻本『批判的詩学』は、「可能世界というライプニッツの理論を美学に対して活用したもの」[*77]であった。詩人は、世界創造以前の神と同様に、可能的なものの無限な全体を眺め渡して、そこから選択することができるというのである。同書には、この議論にとっては願ってもない驚くべき表現が見られる。すなわち、詩とは、「創造と自然を、現実的なものに関してのみならず、可能的なものに関しても模倣することなのである」。「自然の模倣」という、形而上学的伝統に根差した原型的表現がどれほど強力だとしても、ここではその表現本来の意味とは正反対のことが語られ、いわば「宣言」されるため、人間の活動の意義が承認されざるをえない。とはいえ、それが「模倣」と表現され、なお一定の意味をもっている以上、ここでの無限の可能的事象という主題は、プラトン的イデアの名残りを引き摺っていることになる。ヨハン・ヤーコプ・ボドマー（Johann Jakob Bodmer, 1698-1783）も、同じく一七四〇年公刊の『批判的論考——詩における驚異について』において、ほぼ同じ表現をしている。詩とは「いつでも、現実の世界よりも、可能的な世界から、模倣の素材を取り出すのを好むものである」[*78]。ボドマーは、ミルトン（John Milton, 1608–74）を例に挙げながら、詩人の「形而上学的行為」は、世界を別の世界に変え、存在しないものを何らかの仕方で描くような一切を作り出し、「創造以前の創造を先取り」するため、詩人は既成の現実を踏み超え、存在しないものを描写することができると語る。そして同書にも次のような鮮やかな表現が見られる。詩人は「模倣を行うことで、その技倆によって、存在しない事物を作り出す」というのである。

十九世紀になると、自然はいよいよ事実としての性格を鮮明に示すようになる。われわれの目の前に自然として現れるのは、目的をもたない機械的過程の結果であり、渦動する原物質の凝集の結果であり、偶然に進行する変異と生存競争の苛酷な事実との相互関係の結果である。こうした結果がすべてではあるのだが、ただそれは美的な対象とはなりえない。偶然によって、美の眩いばかりの輝きが生まれるだろうか。むしろここでは、この時代までは考えられなかったこと、つまりフランツ・マルク（Franz Marc, 1880–1916）が証言したように、自然が「醜悪」になるというほうが納得しやすい。「木々や花々、大地――これらすべては年ごとに、ますます醜悪で、反感を覚える姿を見せる。ある日突然、自然の醜悪さ、その不純さが、私の頭から離れないほどにまでなった」[*79]。こうした事態の存在論的な背景は、フランスの画家ラウル・デュフィ（Raoul Dufy, 1877–1953）が明らかにしている。デュフィは、自然を粗雑に扱いすぎるという非難に応えて、こう述べた。「お答えしますが、自然なるものは……仮説にすぎないのです」[80]。美的な自然経験においては、無限に考えられる複数世界のなかで、いまだ実現されていない残留分が照らし出される。それというのも、デカルト以来、自然科学の観点から、どのような可能性ならば「機能的に扱えるか」は語られても、それらの可能性のうちのどれほどが自然の中で実現されているかを確実に語ることはできないからである。このような意味での自然は、「模倣」の理念と結び付いていた古代の自然概念――一切を作り出すが、それ自体は作られることがない原像としての自然――とは、もはやまったく共通点がない。これに対して、実験を柱とする自然研究においては、一切の現象が産出可能であるという考えが前提されることになった。仮説とは、どのような現象を作り出すかを示唆するための計画なのである。それゆえ自然は姿を転じて、技術によって作り出せる産物の総計となった。こうして自然から、規範的な拘束力の名残りが払拭された。技術にとって自然はいよいよ単なる土台となる。その既存の構成物は、内実的な目的の実現を促すというよりは、その実現の途上にあるものとみなされる。自然が剝き出しの素材やエネルギーとしての価値に矮小化されて初めて、純粋な構築や総合が可能になる。このように科学が自然に対して最高の力を揮う時代においてこそ、その対象である自然が人間にとって低く位置づけられるといった、逆説的とも思える事態に逢着するのである。

8　複数世界の積極的意義

こうしてようやく、存在と自然との同一視が解体した積極的な意義を考察できるようになった。自然の価値が下落する過程は、かならずしも虚無主義的な動向のみをもたらすわけではない。なぜならそこでは、「可視的なものは、世界全体と比べるなら、ごく限られた一部にすぎないのだし、潜在的にそれ以外の膨大な真理が隠されている」[*81]という信念、あるいはこの世界は「すべての世界のなかの唯一の世界ではない」[*82]といった確信をもつこともできるからである。この場合に芸術は、もはや別次元の規範的存在を指し示すのではなく、それ自体が人間の可能性にとって規範的なものとなる。芸術作品はもはや何ものかを意味するのではなく、何ものかであろうとするのだ。

しかしそうなると、芸術は、いわば現実の自然と平行して考えられる無限の可能性のなかから、どれかひとつを取り出すものであるため、今度はこの芸術という存在が、かつての自然と同様に事実的で偶然的ということにならないだろうか。「模倣」の拘束を克服したあとには、こうした根源的な疑問が一挙に浮上する。われわれはいままさに、このような克服にまつわる競合過程の出発点に立ったばかりであり、特定の解答に肩入れすることはできない。「単なる仮説」にすぎないものを斥けようとしても、われわれはやはり仮説に頼らざるをえない。多くの点から考えて、「作品」と「創作活動」、つまり製作とその裏づけが強力に自己主張する局面は、進行中の過程にすぎない。「自然の模倣（Nachahmung）」の克服は、「自然の先取り的模倣（Vorahmung）」の獲得へと辿り着く。人間が固有の能力を自負するには、芸術という「形而上学的活動」を介するほかないとしたら、創作された作品の中には、常にすでに存在していたものが、「あたかもそれが単なる自然の産物であるかのように」[*83]、思いがけず予感されることになる。そのような衝動が意識化される代表的な例として、パウル・クレー（Paul Klee, 1879–1940）の生涯の創作活動を思い浮かべてみよう。クレーの作品においては、自由な創作物の空間内にある構造が結晶化し、その構造の中で、自然の基底をなす太古のもの、あるいはこれまで変わらず存在してきたものが新たな説得力をもって立ち現れる。そのため、クレーの作品タイトルは、よく知られたものを強引に連想させる一般の抽象画のやり方とは異なっている。クレーの標題は、そこに描かれた唯ひとつの世界のみが存在の可能性を十全に実現するものであること、そして無限の可能性へと開かれた道は、模倣の不自由さからの逃避にすぎなかったことを、新鮮な驚きとともに再認識させるのである。ライプニッツから始まり、美学の領域で活かされた無限の複数世界は、存在の根源的形象のひとつを、無限のやり方で鏡像化したものにすぎないのではないだろうか。その答えはいまは出せないし、いずれ答えを出せるという保証もない。しかしこれからもその問題をめぐって、試行錯誤を繰り返すことはできるだろう。こうしてわれわれは、出発点に立ち戻り、一巡した。自分たちの果敢な試みが無駄になることを怖れる人びとは、一巡すると聴いただけでも尻込みするかもしれない。しかしそう考えるのは誤っている。われわれが既存の事実を不可避のものとして甘受しなければならないのか、それとも無限の可能性の空間の中で鮮烈に現れる中核として再発見し、自由かつ自発的に承認するのか、そこには決定的な違いがある。結局、何よりも肝心なのは、「偶然を本質へと転じること」[*84]なのである。

*1　Aristoteles, *Physica*, II, 8: 199a15–17〔アリストテレス『自然学』『アリストテレス全集』第三巻、出隆・岩崎允胤訳、岩波書店、一九六八年〕.「ところで一般に技術は、一方では自然が成し遂げえない物事を完成させ、他方では自然のなすことを模倣する」〔七五頁〕。

*2　Id., *Politeia*, VII, 17: 1337a1–2〔『政治学』『アリストテレス全集』第一五巻、山本光雄訳、岩波書店、一九六九年〕の表現を参照〔「なぜなら技術や教育はどのようなものにせよ、自然のし残したことを補充するのを目的とするものだからである」（同、三二五頁）〕。

*3　Id., *Physica*, II, 8: 199a12–15〔「例えば、もし家が自然によって生成するものの部に属するとすれば、それはあたかもそれが現にいま技術によってあるように、そのように生成するであろう。そして、もし自然によっての事物が、ただ自然によってのみならず、技術によっても生成するとすれば、それらは、それが自然的にあるのと同じような仕方で生成するであろう」『自然学』、七五頁〕. 自然はいわば自律的技術のようなものであり、それは自分で自分を治療する医師になぞらえられ

る（199b30–32）。そのような自律的技術を一面的な意図と同一視するような想定は斥けられている（199b26–28）。アリストテレスは、われわれにとって（少なくとも仮定の上で）避けがたい原始的状況、つまり何ものもいまだ存在しないか、ただ特定の特殊なものしか存在しない状況は考慮していない。あらゆるものがその特性に従ってすでに存在しているため、まったく新奇な何ものかが「案出」されて、そのイメージが現実に移されるといった瞬間は、アリストテレスにとっては存在しないのである。思考は原理的に、存在しているものを後追いで考えるものとされている。

*4 *Ibid.*, II, 2: 194a21f.〔「もし技術が自然を模倣するのであり……」五一頁〕; *Meteologica*, IV, 3: 381b3–7〔『気象論』『アリストテレス全集』第五巻、泉治典訳、一九六九年、一三五頁。「それというのも、技術は自然を模倣しているのだから」〕.

*5 〔訳註〕パルミジャニーノと名乗ったフランチェスコ・マッツォーラ（Francesco Mazzola）はマニエリスムの代表的な画家。初期の『凸面鏡の自画像』（一五二三／二四年）は、凸面鏡に映る自らの歪んだ姿を描くことで、自己不安と自意識の肥大を表現している。

*6 展覧会「ヨーロッパ・マニエリスムの勝利」のカタログを参照。*Der Triumph des europäischen Manierismus*, Amsterdam, Rijksmuseum, 1955, Nr. 88.

*7 Fr. Nietzsche, *Die Geburt der Tragödie aus dem Geiste der Musik*, Vorwort an Richard Wagner, in: Gesammelte Werke, Musarion-Ausgabe, hg. R. Oehler, M. Oehler, F. Ch. Würzbach, Bd. 3, Müinchen 1920, S. 20〔ニーチェ『悲劇の誕生』塩屋竹男訳、ちくま学芸文庫、一九九三年、三〇頁。「私は、芸術こそ、この人生の最高の課題にして、真に形而上学的な活動であるということを、この人物（ヴァーグナー）の精神に照らして確信している……」〕.

＊8 W. Hofmann, »Manier« und »Stil« in der Kunst des 20. Jahrhunderts, in: *Studium Generale* 8 [1955], S. 9. すでにカントは模倣の契機を、芸術から芸術が生成する関係へと移行させている。そして自然は、「天才」という媒体を通して、芸術にとっての究極的意味で創造的な原型とみなされる。ただしそれは、模倣ではなく、「自由による産出」という意味においてである（I. Kant, *Kritik der Urteilskraft*, §§43, 46〔カント『判断力批判』上『カント全集』第八巻、牧野英二訳、岩波書店、一九九九年〕）.「天才」は、「模倣の精神とは、正面から対立する」。「天才」が「主観における自然」と理解されなければならないことで、ここに自然との最後の形式的な絆が想定されるが、それはもはや何の説明にもなっていない。「ある天才の作品」は、「他の天才の継承の範例となり、将来の天才に対して、それによって自身の独創性の感情を喚起する」といった歴史的過程が、明確に理解される。こうして芸術は、「流派」をなすのであり、「この流派に属する人びとにとって、芸術は、自然が天才を介してその規則を与えた模倣となる」（*ibid.*, §49〔同、二一四頁〕）。

＊9 アンリ・マティス（Henri Matisse, 1869–1954）の言葉。W. Hofmann, *Malerei um 20. Jahrhundert*, München 1954, S. 113 より引用。

＊10 〔訳註〕ブルーメンベルクの「好奇心」の思想史的理解については以下を参照。H. Blumenberg, *Legitimität der Neuzeit*, Frankfurt a. M. 1996, 3. Teil〔ブルーメンベルク『近代の正統性 II』忽那敬三訳、法政大学出版局、二〇〇一年〕.

＊11 〔訳註〕一四五〇年に無学者を登場人物として描かれたクザーヌスの三篇の対話編『知恵についての無学者の対話』『精神についての無学者の対話』『秤の実験についての無学者の対話』を指す。

＊12 「無学者〔俗人〕」の対話篇についての筆者自身の序文を参照。Nikolaus von Cues, *Die Kunst der Vermutung*, Auswahl aus den Schriften, bes. und eingel. von H. Blumenberg, Bremen 1975, S. 231ff. 本文で引

用した個所は S. 272.

＊13 〔訳註〕中世末期には、大学以外の領域で、さまざまな霊性的・宗教運動が開花した。「新しい敬虔」(devotio moderna) は、フローテ (Geert Grote, 1340–84) が先導者となり、十四世紀にネーデルランドを中心に興った霊性運動。

＊14 クザーヌスの中世的側面は、「無学者」が語る言葉の内に、アリストテレスによる「技術」の二様の定義との関係が潜んでいるところに特徴的に現れている。「私の技は、被造物の形態を模倣する技よりもより完全な技であり、そのため無限の技に近づいている」。アリストテレス的定義の二つの要素は、(特殊な相違ではなく) 一般的な相違であって、どちらかを選ばざるをえないものと考えられている。無学者は「模倣する技」を自分のものとみなすわけにはいかないし、第三の用語もまったく思い付かないために、「より完全な技」と言うほかはない。とはいえそれまでの叙述では、無学者が自然によって未完成のまま放置されたものを取り上げ、自分が何か材料を使ったという以上に、それを「完成させた」ということを示す内容的な手がかりはまったく与えられていない。ここでは、人間の知性の歴史が、どれほど定義によって (つまり、最終決定への要求によって) 誘導されるかが示されている。

＊15 O. Wright, How we invented the Airplane, in: *Harper's Magazine* 6 (1953).

＊16 Leonardo da Vinci, *Tagebücher und Aufzeichnungen*, übers. und hrsg. von Th. Lücke, Zürich, usw. 1952, S. 307.「鳥の翼を、その翼の動力となっている胸の筋肉と一緒に、解剖によって探究しなければならない。人間が羽搏きによって空中に浮かぼうと思うなら、どのような可能性があるのか、それを示すにも同じ手続きを取る必要がある」。ここには、「模倣の技」と並んで、「より完全な技」が密接な関係に置かれ、アリストテレスの技術観全体が現れている。

*17 O. Lilienthal, *Der Vogelflug als Grundlage der Fliegekunst*, 2. Aufl., Müünchen 1910.

*18 Fr. Nietzsche, *Also sprach Zarathustra*, Gesammelte Werke, Bd. 13, 1924, S. 149〔『ツァラトゥストラはこう言った』上「自己超克」氷上英廣訳、岩波文庫、一九七〇年〕.『この人を見よ』において、書き換えられた自己引用（Bd. 21, 1928, S. 277）からの引用。

*19 ブレヒト（Bertold Brecht, 1898–1956）は、『コイナー氏談義』（*Geschichten von Herrn Keuner*）のなかの「コイナー氏と自然」と題された一編で、誰よりもこの点を明確にイメージ化している〔ブレヒト『コイナさん談義』長谷川四郎訳、未來社、一九六三年、六一―六二頁〕。「私はときおり家を出て、少しばかり樹木を見るのを好むのならよいのですが」。この非現実話法〔「……ならよいのですが」〕」というのは、この一見したところ牧歌のように見える話に隠された罠のようなものである。その話は、日用品の単なる有用性に対して、樹木の「実在性の特別の度合い」を賞讃し、樹木が「鎮静化の効果をもつ自立したもので、こちらを度外視している」ことを指摘し、最後には、樹木が何か使用を超えたもの、物質を超えたものをもつことを願って終わる。しかし、自然物の潜在的な需要を説くこの鋭利な現象学は、ある種の告発で締め括られる。それは、話のついでを装い、括弧の中で付け加えられる。「自然を倹約して使うことが、われわれには必要です。何も仕事もしないで自然の中にとどまっていると、何だか病気のような具合になりますから。何だか熱のようなものに襲われますね」。「何も仕事もしないで自然の中にとどまっている」というのは、（筋金入りのマルクス主義者――そのようなものがあるとして――のみならず）現代人には縁がない。現代の労働現場は、自然物の需要という見かけをもちながら、技術的な装置をさまざまな形態で導入し、自然の印象を弱めてしまうのである。

*20 〔訳註〕E. Jünger, *Der Arbeiter. Herrschaft und Gestalt*, 1932〔ユンガー『労働者――支配と形態』川合

全弘訳、月曜社、二〇一三年、一四九頁〕.

＊21 Platon, *Politeia*, X, 596B.「イデアそのものについては、職人のうち誰ひとりそれを作ることはないのだから」〔プラトン『国家』『プラトン全集』第一一巻、藤沢令夫訳、岩波書店、一九七六年、六九二頁〕。

＊22 *Ibid.*「そのイデアに目を向けて、それを見つめながら一方は寝台を作り、他方は机を作る」〔同〕。

＊23 アリストテレスは、ただ名目的な差異だけを認めている。Cf. id., *Metaphysica*, I, 6, 987b10-13. アリストテレスにとっては、プラトンが対処しようとした事象の二義性は、もはや現実味のあるものではなかった。

＊24 デモクリトスは明確に次のように語っている。「善き人であらねばならない、あるいは善き人をまねなければならない」(*Die Fragmente der Vorsokratiker, griechisch-deutsch*, hg. von H. Diels, W. Kranz, Bd. 1, Berlin 1956, B, fr. 39〔『ソクラテス以前哲学者断片集』第IV分冊、内山勝利監修、岩波書店、一九九八年、一七九頁〕)。デモクリトスにおいても強調されているように、人間の活動（機織り、裁縫、建築、歌など［fr. 154］）が模倣を通じて動物の活動から導出される場合でも、自然によって何かを所有している者が、それを単に受け容れただけの貧しい者よりも優位をもつとされている。

＊25 Platon, *Politeia* X, 599A.「実在から遠ざかること三番目のもの」〔『国家』七〇一頁〕。

＊26 ソフィストとの関係については、筆者の学位論文をめぐるディーター・ヘンリヒとの議論に遡る。

＊27 Platon, *Politeia*, X, 597BC〔同、六九五頁〕.

＊28 *Ibid.*, 597D〔同、六九七頁〕.

＊29 Aristoteles, *Metaphysica*, I, 9, 991b6s.〔アリストテレス『形而上学』出隆訳、『アリストテレス全集』

第一二巻、岩波書店、一九六八年、四三頁。「ところで他の多くの事物、例えば家とか指環とか、これらの事物についてはエイドスは存在しない……」〕. 積極的な表現としては、*ibid.*, XII, 3, 1070a18–20〔同、四〇六頁〕.

*30 Platon, *Timaeus*, 29A〔プラトン『ティマイオス』種山恭子・田之頭安彦訳、『プラトン全集』第一二巻、岩波書店、一九七五年、三〇頁〕.

*31 *Ibid.*, 30CD, 31A. 以下も参照。Fr. M. Cornford, *Plato's Cosmology*, London 1937, pp. 40s.「知性的生物は宇宙に照応し、全体は全体に、部分は部分に照応する」。

*32 ウィリー・タイラーが示したように、古代のプラトン主義はこの仮定のために困難に陥った。Cf. W. Theiler, *Die Vorbereitung des Neuplatonismus*, Berlin 1930.「自然の存在」のためのイデアの特権性が固執されている。例えば、*Chalcidii Plato Timaeus*, hg. von J. Wrobel, Leipzig 1876, 333, 8.「イデアは、自然の事物の範例である」。「スコラ学」全体が、概念的に一致しないさまざまな名称を用いていており、すでにプラトンにおいても、「イデア」と「エイドス」の相違が芽生えている点を押えておくのは有効である。エイドスは、現実に置き入れられたイデアである。

*33 Aristoteles, *Meteorologia*, I, 9, 346b16-347a5〔『気象論』、二九頁以下〕.

*34 Id., *Metaphysica*, XII, 2, 1069b19; XII, 3, 1070a8〔『形而上学』、四〇三、四〇五頁〕. Cf. H. Blumenberg, Das Verhältnis von Natur und Technik als philosophisches Problem, in: *Studium Generale* 4 (1951), S. 463f.

*35 S. H. Butcher, *Aristotle's Theory of Poetry and Fine Art*, p. 116. アリストテレスの「ファンタシア」は、「像を作る能力」を意味する「想像力」と厳密には一致しない。存在論的な可能性を問題にする限り、より直接に「構想力」と言い換えるなら、意味が変わって内実が膨らむことが見て取れる。それをアリストテレスに帰することはできないだろう。ブッチャーの以下の註記（*ibid.*, S. 127,

Anm. 1はいささか理解しがたい。「経験的世界から得られた物質を変容させる人間の創造的能力は、プラトンやアリストテレス以前に知られていなかったわけではない。しかしそれは独立の能力とは認められず、別の名称で呼ばれていた」。「構想力」の概念史を見るなら、これが独自の契機として現れたのはかなり遅く、代表的には三世紀の「第二ソフィスト」が、「ファンタシア」を「創造的意味での想像力」とみなしているのが見出せる（*A Greek-English Lexicon*, ed. H. G. Lidell, R. Scott, Oxford 1925ff.）。フィロストラトス（Philostratos, ca. 170–ca. 245）の『アポロニウス伝』（*Flavii Philostrati Opera*, ed. C. L. Kayser, 2 Bde., Leipzig 1879/71, VI, 19）では、「構想力」がはっきりと「模倣」に対置されている。「構想力」は、フェイディアス（Pheidias, ca. BC 490–ca. 430）やプラクシテレス（Praxiteles, ca. BC 4C）の神像に現れているような過剰、つまり不可視のものの過剰、与えられているものをめぐる過剰として理解されている。「実に模倣とは、〔自分が〕知っているものを作り上げていくのであり、表象とは、知らないものを作り上げるものである」。

＊36 S. H. Butcher, *op. cit.*, p. 116.

＊37 *Ibid.*, p. 117.

＊38 Aristoteles, *Poetica*, XXV, 1460b11–35〔アリストテレス『詩学』今道友信訳、『アリストテレス全集』第一七巻、岩波書店、一九七二年、九七―一〇〇頁〕.

＊39 Id., *Metaphysica*, XII, 3, 1070a7f.〔「技術は、それによって生じる事物とは異なる他のものの内にある原因であり、自然は、その事物それ自身の内にある原理である」『形而上学』四〇五頁以下〕

＊40 Id., *De mundo*, 5, 396a33–b22. ミカエリスのように、ディールスの『ヘラクレイトスの二つの断章』（H. Diels, *Zwei Fragmente Heraklits*, Berlin 1901, 22 B10）にもとづいて、この文脈での「模倣」の要素をヘラクレイトスにまで遡るのは明らかに誤りである。C. Michaelis, μιμέομαι, in: *Theolo-*

gisches Wörterbuch zum Neuen Testament, hg. G. Kittel et al., Bd. 4, Stuttgart 1943, S. 662.

＊41 Poseidonios, in: *Diodori Biblia historica*, griechisch/lateinisch, t. 2, Paris 1878, 57, 7.「死すべきもの〔人間〕の技術は、太陽の自然の活動を模倣するものである〔……〕これ〔技術〕は自然の学生であった」。

＊42 Tertullianus, *De cultu feminarum*, I, 8（übers. v. Heinrich Kellner）.

＊43 K. Reinhardt, *Poseidonios*, München 1921, S. 400. 修辞学の技法に関して、この論点を凝縮したキケロの表現として以下を参照。Cicero, *De ratione ad C. Herennium*, Opera, vol. 1, hg. Fr. Marx Leipzig 1925, III, 22, 37.「さて、技術は自然を模倣し、自然が求めているものは、それ〔技術〕が見つけ出すだろう。それ〔自然〕が示すところに技術は従う」。

＊44 Seneca, *Epistulae morales ad Lucilium*, XC, 16.「生活必需品は、それを得るために特別な算段をしなくても大丈夫である。贅沢品に関しては労力が必要だ。あなたは自然に従ってさえいれば、〔とりわけ〕技術者を必要とすることはなかろう」。

＊45 *Ibid.*, XC, 18.

＊46 Plotinos, *Enneades*, V, 8, 3〔「直知される美について」『プロティノス全集』第三巻、田中美知太郎・水地宗明・田之頭安彦訳、中央公論社、一九八七年、五二九―五三一頁〕. この個所では、世界の二重化が細部にいたるまで徹底して展開されているため、元々は論理的であるイデア界の構造は、物質的世界の現存の厳密さのために、完全に失われている。それゆえ世界はただ、ひとつの拘束力ある形態に即して思考可能なものとなる。ウィリー・タイラーも、イデアと世界製作者のあいだの地位の転換過程を論じている。この転換によって、すでにフィロン（Philon, ca. BC 25/20–ca. AD 45/50）においては、ロゴスをめぐる思弁によって、「器官」としてのイデアが創造

神に従属している。しかしこの過程は、本質的成素としてのイデアの絶対的規範性を損なうものではない。

＊47　H. Deku, »Possibile Logicum«, in: *Philosophisches Jahrbuch* 64 (1956), S. 10.

＊48　Augustinus, *De natura et gratia*, XLIV, 52〔アウグスティヌス「自然と恩寵」金子晴勇訳、『アウグスティヌス著作集』第九巻「ペラギウス派駁論集」教文館、一九七九年、一九六頁〕.

＊49　この問題提起が普遍性をもつことは、『回想録』の表現から明確に裏づけられる。

＊50　Lucretius, *De rerum natura*, V, 181–186〔ルクレーティウス『物の本質について』樋口勝彦訳、岩波書店、一九六一年、二二八頁〕.

＊51　Augustinus, *De spiritus et littera*, I, 1〔『霊と文字』一二三頁〕.

＊52　*Ibid.*, XXV, 62〔同、一一三頁〕.

＊53　*Ibid.*, V, 7〔同、二二頁〕.

＊54　ヘンリー・デクーの書簡での表現。

＊55　Augustinus, *Confessiones*, XII, 19, 28.「創造され形成されたものだけでなく、およそ創造され形成されうるものはすべて、あなたが造り、万物はあなたによって存在するというのは真理です」〔アウグスティヌス『告白』山田晶訳、中央公論社、一九六八年、四六二頁〕。

＊56　Id., *De vera religione*, XVIII, 36.「存在しているものは、それが存在している限りにおいて、またいまだ存在していないすべてのものも、存在する可能性のある限りにおいて、神から〔その存在とその存在する可能性〕を受け取るのである」〔アウグスティヌス『真の宗教』茂泉昭男訳、『アウグスティヌス著作集』第二巻「初期哲学論集（2）」教文館、一九七九年、三二〇頁〕。この個所は、先に論じた『霊と文字』との関連においても興味深い。というのも、ここでは「救い」とい

う神学的概念が「善」と同一視されており、古代的な前提に立って、「自然の完成」として――プラトン的には「イデアとの一致」として――解釈されているからである。

＊57 Id., *De diversis quaestionibus*, LXXXIII, q. 46.

＊58 「可能性」(possibile) の語を「できる」(posse) から導き出すことについては、エメサのネメシオス (Nemesios 五世紀初頭活動) の『人間の本性について』(*De natura hominis*) 第三四章からの以下の引用を参照。「さて、〈権能〉(potens)、〈能力〉(potestas)、〈可能性〉(possibile)、これら三つは、それぞれ相互を所有する関係にある。権能とはまさに本質のことだが、能力とは、われわれが可能なことをそこから有している根拠であるが、可能性とは、能力にもとづいて成立しているものである」(*Bibliotheca Scriptorum, graec. et rom.*, hg. K. Burkhard, Leipzig 1917)。

＊59 可能性概念の歴史におけるペトルス・ダミアニの意義については以下で叙述されている。A. Faust, *Möglichkeitsgedanke*, Bd. 1, Heidelberg 1931, cap. 2, S. 72–95.

＊60 *De causis et processu universitatis*, I tr. 3 c. 4.「というのも、第一なるものにして作品に最も近しいもの、第一なるものの働く権能とは、その〔作品の〕中に存するのだが、それ〔第一なるもの〕はまさに作品に形を与えるが、作品ができよ〔あれ〕と命じたり、指示したりはしない。普遍的に働く知性の光とは、ロゴスとイデアにもとづいて作品を限定する、作品のイデアである。だが意志とは、できよ〔あれ〕と指示するものにほかならない」。

＊61 Thomas Aquinas, *Summa theologiae*, I, q.9 a.1 ad 2〔トマス・アクィナス『神学大全』高田三郎訳、創文社、一九六〇年、一六二頁〕.「神的知恵は、自らの似姿を、事物の最下にまで注ぎ出す。実に、何ものも神的知恵から類似を通して発出しており、そうでないものは何もありえない」。

＊62 Id., *Summa contra Gentiles*, II (De Intellectu possibili et Agente), LXXV, 1558b.「技術によっても自然に

よっても〔完成が〕可能となるものにおいて、技術は自然を模倣する」。

＊63 Thomas Aquinas, *In octo libros Physicorum Aristotelis expositio*, II, lect. 13, n. 4, hg. M. Maggiòlo, Torino 1954, p. 126. アリストテレスの考えがいかに権威をもって語られているかを示すため、ヨハネス・アルギュロピュロスの翻訳を挙げておく (hg. I. Bekker, Berlin 1831, III, 109b)。「そして概して言えば、技術は、一方では自然が完成させられないものを完成させるが、他方では自然を模倣することによって〔それを〕行う」。

＊64 Bonaventura, *Breviloquium* II, 1, 1.「宇宙は、存在へと、ある時点で、無から、一なる原理、唯一にして最高のものによって〔なさしめられた〕、世界的な機械という製作物である。そのもの〔唯一にして最高のもの〕の能力は、たとえそれが無限であったとしても、しかしすべてのものをある一定の重さに、ある一定の数に、ある一定の限度〔限界〕の中に配したのである」。

＊65 Id., *II. Sententiarum*, I, 2, 1, 1, concl.「つまり〔神は〕その無限さ〔無限なほどの偉大さ〕の顕示のために、自らの宝庫から多くのものをもたらすのだが、すべてを〔もたらすわけ〕ではない。というのも創造は、第一原因という神自身の力と等しくされることは不可能であるからである」。

＊66 William Ockham, *Quodlibeta Septem*, VI, q. 1「神は、作ることを意志しない多くのものを作ることができる」(Reinhold Seeberg, *Lehrbuch der Dogmengeschichte*, Bd. 3, Nachdr. der 4. Aufl. [Berlin 1930], Darmstad 1960, S. 715 による引用)。ここでは、いま取り上げている問題と「唯名論」との繋がりが把握できる。「普遍」の実在論は、「無からの創造」の厳密な概念とは相容れない。普遍を、具体物において任意に反復され、反復されうるものと捉える見方は、存在可能なものの宇宙が（叡知的世界のように）有限な全体であり、現実存在がいわばただ「付加」されるだけのものである場合（「実在的区別」）にのみ有意味となる。ところで、「絶対的権能」の概念には、可能なもの

の無限な全体が含まれている。こうした考えは、個的なものを普遍的なものの「反復」とする見方を無意味にしてしまう。この場合創造は、いかなる被造物にとっても、その「本質」の「無から」を意味する。こうして、オッカムの議論にあるように、神は存在者を創造することで自らの権能を限定することになる。なぜなら、普遍をそれと同じ領域に措定することによって可能になるのは「模倣」のみであり、「創造」ではないからである。つまり「無からの創造とは、端的に、〈現実に存在すること〉において、〈本質的なもの〉あるいは「事物の内部のもの」に何も先行するものはないということである」(Bonaventura, *I. Sententiarum*, dist. 2, q. 4 D)。普遍実在論とは次のようなことを意味する。「結果として、導かれたもののすべてが、最初に導かれたもののあとに創造されたわけではないだろう。なぜなら〔導かれたもののすべては〕無から創られたわけではなかったのだから」。空間がいかに、可能なものの領域を始めから提供しているかは、オッカムが彼の先行者であるスコトゥスの命題——神のみが創造の権能を有する——に逆らって、それを証明不可能と宣言した点に示されている(William Ockham, *Quodlibeta Septem*, VII, 23)。しかしこれだけではまだ、人間に創造性の属性を与えて顕彰するまでにはいたらない。とはいえこれは、創造の概念を特権的な神学的特性から切り離し、それが転移可能なものであるのを示したことにはなる。

＊67 Nicolaus Cusanus, *De docta ignorantia* II, 2〔クザーヌス『知ある無知』岩崎允胤・大出哲訳、創文社、一九六六年、九一頁〕.「無限な形相が有限な仕方で受容されるほかないのだとしたら、いかなる被造物もいわば有限な無限性、あるいは創造された神である。その結果、すべての被造物は、それより良くありえない仕方で存在する。それは、神が〈あれ〉と語られたからであり、永遠そのものである神は生成しえないため、可能な限り神に似たものが生成したようなものである」。

＊68 Ulpianus, *Digesta*, I, 4, 1; Nicolaus Cusanus, *De beryllo*, XXIX.「君主の意に沿うなら、それは法的効力を有する」。これは明らかに、創造行為を解釈することができない古代の形而上学を念頭に置いて言われている。「なぜそのように決まり、他のようではないのか、その理由を君主は、自分が最終的にそう決定したと言ったためという以外には分からないのである」。Cf. *ibid.*, XVI. 聖書の権威として、「コヘレトの言葉（伝道の書）」第八章一七が引用されている。「神の業すべてのひとつとして理解できるものはない」。

＊69 Nicolaus Cusanus, *De ludo globi*, I.「……神はより完全でより円形の世界も、より不完全で、より丸くない世界をも創ることができた。たとえ世界が、可能な限り完全に創られていたとしてもそうなのである」。

＊70 *D. Martin Luthers Werke*, Kritische Gesamtausgabe, Bd. 18, Weimar 1908, S. 718.「実際、行いうるもの、その多くを行うような能力（potentia）のことを、神の全能（omnipotentia）とは呼ばない。むしろすべてのものにおいてすべてのものを力に満ちて行う活動的な権能のことを〔全能と〕私は呼ぶ。これこそ、聖書が神を全能と呼ぶ意味である」。

＊71 R. Descartes, *Principia philosophiae*, III, 4.「諸原理とは〔……〕この世界に擁されていて、われわれが目にすることができると思っているよりも、多くの事物がそれら〔諸原理〕からさらに帰結しうるほど、それほどまでに偉大で豊かなのである」。

＊72 *Ibid.*, I, 17.

＊73 O. Walzel, *Prometheussymbol von Shaftesbury zu Goethe*, 2. Aufl., München 1932.

＊74 A. Buck, *Italianische Dichtungslehren*, Tübingen 1952.

＊75 *Ibid.*, S. 45f.

＊76 *Ibid.*, S. 51.

＊77 *Ibid.*, 39. 次の引用も同様。

＊78 *Ibid.*, S. 43. 直後の引用も同様。

＊79 この点についてのさらなる証言として以下を参照。H. Sedlmayr, *Verlust der Mitte*, Salzburg 1948, S. 158〔ゼードルマイアー『中心の喪失――危機に立つ近代芸術』石川公一・阿部公正訳、美術出版社、一九六五年〕.

＊80 *Geschichte der modernen Malerei. Fauvismus und Expressionismus*, Genf 1950, S. 69ff. より引用。

＊81 W. Haftmann, *Paul Klee. Wege bildnerischen Denkens*, München 1950, S. 71 よりの引用。

＊82 P. Klee, *Über die moderne Kunst*, Bern 1945, S. 43.

＊83 I. Kant, *Kritik der Urteilskraft*, §45.

＊84 W. Haftmann, *Paul Klee* からの引用。

修辞学の現代的意義

人間学的アプローチから

人間とは何か——それを定義し規定しようとする試みは、これまで数限りなく提起されてきた。今日「哲学的人間学」と呼ばれる哲学の一分野では、人間をある二者択一に即して理解している。それはつまり、人間は貧しい存在であるか、豊かな存在であるかのどちらかだという二者択一である。人間が生物学的に特定の環境に拘束されてはいないのは、自己保存にとって必要な仕組みの決定的な欠落と理解することもできれば、生命現象に限定されない世界の豊かさへの開放性と解釈することもできる。必要なものの欠落、あるいは自らの過剰な能力との自由な関わりが、人間を創造的な存在としている。人間とは、代償なしには何事もしようとしない存在であるか、あるいは「無償の行為」に専心することのできる唯一の動物である。人間は、欠けているものによって定義されるか、あるいは自分自身の世界に根づくための創造的な象徴機能によって定義される。人間は、世界の中心にあって宇宙を見渡す観照者であるのか、あるいは楽園から追放された「地の塵」たる流謫者であるのかのいずれかである。人間は、自らの内に一切の自然的要素を秩序正しく取り込んだ存在であるか、あるいは自然から見棄てられ、不可解で無用の長物となった本能に悩まされている欠如的存在であるかのどちらかである。こうした二項対立を、これ以上列挙し続けるには及ぶまい。その方式は分かりやすいものであるから、読者はこれにならっていくらでもその種の二項対立を引き出すことができるだろう。

修辞学に関してもまた、伝統的な基本的理解は、同様にひとつの二者択一にまとめられる。すなわち、修辞学とは、真理の所有から生じる結果に関わるものであるか、あるいは真理に達することができないがゆえの困惑に関わるものであるのかのいずれかである。真理など存在しない以上、自分たちこそが真理を代弁するのだというソフィストたちの自負こそ、プラトンが闘いを挑んだものにほかならない。これに対して、ヨーロッパの伝統で最も影響力のあった修辞学〔Rhetorica 弁論術・雄弁術〕、すなわちキケロ（Marcus Tullius Cicero, BC 106–43）の修辞学では、真理を所有しているところから出発して、雄弁がその真理の伝達を円滑にし、真理を分かりやすく心に植えつける役割を果たすことが認められている。簡単に言えば、事柄をその事柄にふさわしい仕方で扱うということである。キリスト教の伝統は、真理の所有という前提から考えられる二つの帰結のあいだで揺れ動いている。神的真理は一方で、修辞学のような人間の側からの補助手段を一切必要とせず、装飾の力などを借りずともおのずと顕現するとされる。これは、「誠実さ」に依拠するタイプの修辞学《レトリック》において、決まって繰り返される考え方である。しかし他方でこの同じ神的真理は、修辞学的規則の型に嵌められて人間化される。近代の美学では、積極的にせよ消極的にせよ、修辞学が真理と関わる点が重視され、最終的に修辞学が勝利を収めるが、そこにおいて位置づけの逆転が起こる。ここにいたって、演説技法・文体・美を手がかりにしながら、やがては真理の内容に接近する道筋が容認され、それどころか、芸術と真理は同一のものとなる。プラトンが設定した哲学と修辞学との敵対関係は、哲学そのものにおいて、少なくとも哲学の言い方に従えば、「美学」の名のもとで、哲学に対する勝利を収める。しかしこれは、何も「美学」だけに限られるものではないだろう。

たやすく分かることだが、人間学と修辞学の双方に見られる二つの極端な二者択一は、互いに対応させることが可能である。豊饒な存在と見られた人間は、修辞学的な「装飾」(ornatus)という効果的手段を使って、手持ちの真理を自在に操る。欠乏的存在と見られた人間は、真理の欠落に対処するための仮象の技法として修辞学を必要とした。プラトンがソフィスト的詭弁の内に潜むと考えた認識論的な条件は、人間学的には「欠如存在」の状況として、より根本的な規定となる。そのような「欠如存在」は、一切を自らが生き延びるための手段の効率《エコノミー》に照らして考えるのであり、必要に迫られる以外には、わざわざ修辞学を駆使したりはしない。出発点となるもろもろの条件が人間学的に突き詰められた結果、それらの条件に帰属する修辞学の概念もまた、根本的に考え直されなければならない。その場合に弁論の技術は、何事かを理解させ、問題提起を行い、意見の一致を成り立たせたり、反論を誘発したりする、そうしたさまざまな態度を自在に操る特別の技法のように思われる。そこで、押し黙ってしまうことや、何かの行動が当然予想される状況においてあからさまにその行動を控えるといったことも、やはり修辞学的なのであり、それは、煽動ビラから読み取れる絶叫と同様の修辞学的効果をもつ。それと同じく、文字言語によってソフィスト〔弁論家〕に闘いを挑んだプラトンの対話篇は、ソフィストたちの演説に劣らず、やはり修辞学〔弁論術〕に属している。修辞学は、話し言葉と書き言葉の如何を問わず、形式を手段として用い、言語の規則的運用を道具として活用する。「修辞学に対するプラトンの闘いは、修辞学の影響力への嫉妬に由来するものと理解しなければならない」としたとき、ニーチェ（Friedrich Nietzsche, 1844–1900）は誤っていただろう。しかし同じ個所で、ギリシア人たちは修辞学によって「形式そのもの」を発明したと述べたとき、彼は正しかったのである。[*1]

原子論と詭弁とに対するプラトンの大がかりな批判は、プラトン自身の学説上の立場——「プラトン主義」と呼ばれ、その名の下で確認できる影響史上の立場——に比べて、はるかに大きな効果をもたらした。哲学においては、言語と事象との意味論的な関係が優先されたため、そこから修辞学の実用主義的《プラグマティック》な言語観に反撥する感覚が生じたのである。そうした趨勢が変わって修辞学が優勢になったのは、スコラ学の概念言語が机上の空論ではないかとの疑念が抱かれたほんの一時期〔ルネサンス期〕のことにすぎない。[*2] プラトンが描いたソクラテスの「徳は知である」という、陳腐なまでにわれわれの教養の一部となった命題は、制度の代わりに明証性を行動規範とするものである。こうしてプラトン的ソクラテスはある理想に明確な表現を与えたということは、誰しも否定しようがない。この理想を抜きにして、ヨーロッパの伝統を――賞讃するか疑うかは別として――辿るなどは考えられない。しかしまた同様に、プラトン的ソクラテスは、桁外れに理想的な要求を打ち建てたために、その実現を断念する諦念をも引き起こしてしまった。それは、プラトンその人の学派において、アカデメイア派の懐疑主義が勃興することで、学派の創設者プラトンの死後一世紀も経ずしてイデア論が経験した破局的な後退から始まって、やがてニーチェがニヒリズムと呼んだものにまで及んでいる。絶対的目標を追う哲学は、目的達成の手段をあれこれ論じるのを潔《いさぎよ》しとせず、それどころかそうした理論を駆逐し圧殺してしまう。そのため、善の明証的な理解を出発点とする倫理学にあっては、修辞学が成り立つ余地は認められない。修辞学とは、「善」そのものが明証的には獲得されていないことを前提としたうえで、その環境のもとでなされる行動が、どのような影響をもちうるかを問題にする理論と実践だからである。同じことは、修辞学をその発生と成長の母体とする「人間学」にも当てはまる。修辞学的な人間学は、明証性から切り離され、理想から見放された人間に関する理論である以上、「哲学」の一部門とはなりえなくなった。こうして修辞学は、哲学の最後の部門であると同時に、時代遅れの分野となったのである。

人間学にとっての修辞学の意義は、古代以来主要な学である形而上学という背景から――すなわちイデアが世界秩序《コスモス》を形成し、現象世界はそれを模倣するものとみなす宇宙論的な構図をもった形而上学という背景から——最も簡潔に表現することができる。形而上学によれば人間は、なるほど観察者としては優越し、万物の中央に陣取ってはいるものの、何ら特別な存在ではなく、むしろ異質な実在界同士が接する交点であり、複合物であり、それ自体として不可解な存在である。近代的に捉え直された階層構造のモデルにおいても、人間の内には互いに融和することがむずかしい要素がいくつか並存しているとする考え方が保持されている。この種の形而上学によれば、人間の思考は、原理的には神の思考でもあるが、人間を動かしているものは、天界を動かし動物を動かしているものと同じだと言ってよい。われわれが目撃する事象は、それ自体としては単純な成り立ちをして、直接に規則に従う複数の自然現象が組み合わさったものであるため、逸脱や異質な要素の混合として説明してしまうのが最も容易である。そうなると、それを処理する際の問題は、それらの要素のなかのひとつに、他の要素に対する優位を与え、ある種の実質的な連続関係を作り出すことであった。要するに、自らの独自性を主張する人間については、形而上学の伝統は、特に語るべきものをもたなかった。これは驚くべきことではあるが、この点は、哲学において修辞学が片隅に追い遣られていたことと密接に関わってもいる。なぜなら修辞学とは、人間が独自の存在であるというところから——そしてただそこからのみ——発生したのであり、しかも人間が独自であるというのは、言語が人間の特殊な特徴であるという理由によるのではなく、むしろ修辞学が言語を、人間独特の困難に対処する機能として示した結果なのである。人間固有のこの困難なるものを、伝統的形而上学の言語によって表すなら、こんな具合だろうか。すなわち、人間はこの世界秩序《コスモス》（そのようなものが存在するとして）には属していないし、しかもそれは人間の超越的な過剰ゆえにではなく、内在的な欠陥のゆえである。つまり人間には、「世界秩序《コスモス》」の名に値するある種のシステム——その内部にあるものが「世界秩序」の一部とみなされるようなシステム——に適合するための完全で有効な構造や調節機構が具わっていないのである。現代の生物学的人間学の表現によっても、人間は自然という秩序づけの機構から脱落した存在なのであり、人間はさまざまな行動によって、自分に欠落している調節機構を補い、またそれに補正を加えなければならないため、その行動も、流動的で不確定な性格を帯びることになった。行動とは、人間という存在の「未熟さ」の補償なのであり、修辞学もまた、そうした行動を可能にするために、調節機構という「実体的」な基盤に替わる調和を生み出そうとする努力なのである。こうした観点から見るなら、言語は知識や真理の伝達のための道具ではなく、むしろ第一には、行為の際に人間が依拠する合意や調和や忍耐の形成なのである。ここにおいて、「合意《コンセンサス》」というものが、「現実」と呼ばれるものの概念にとって、基盤としての役割を獲得する。「あらゆる者が納得できるところを、われわれは現実的であると呼ぶ」とアリストテレスは書いており、[*3] その背景にはやはりある種の目的論的な論拠が潜んでいる。そうした背景が懐疑主義によって破壊される場合に初めて、こうした「合意」の実用主義的《プラグマティック》な基盤が再び目にとまる。

現在では、「懐疑」なる言葉は評判が芳しくないのは承知している。懐疑主義たらんとしても、あまりにも多くのことがあまりにも正確に知られているし、加えて、むざむざ憎まれ役を買って出る者などはいないからである。人間学が形而上学と相容れない経緯はこれまで簡単に辿ってきたとおりだが、水面下で密かに持続しながらときおり浮上する懐疑主義の伝統の中では、人間学が再び表に現れる。つまり、永遠の真理が日常の処世訓に格下げされ、人間が純粋精神の変容した仮の姿程度のものとみなされるとき、人間学はあらためて必要とされるのである。「哲学的人間学」という名称にふさわしい最初のものは、近代の始まりに位置するモンテーニュ（Michel Eyquem de Montaigne, 1533–92）の「レイモン・スボンの弁明」[*4]である。懐疑主義者とは、自分には人間を超えた次元を問うことが禁じられていると考えるものだが、そうした懐疑主義者の手によって、ごくありきたりな素材が組み立てられ、唯一にしてなお可能な対象である人間が前面に押し出されるとともに、すべてをその対象たる人間の徴候とみなすような新たな思考状況が構築される。そしてこうした伝統は、道徳論を経て、カントにおいて「人間学」という明確な名称を獲得するにいたる。[*5]

懐疑は、（フッサールの現象学の場合もそうだが）認識論の予備段階において、最終的には克服を目的にして繰り返されるなら、人間学にとって特別に得るところはない。なぜなら、人間学にとって懐疑が有用だとすれば、それはその懐疑によって、「純粋な明証性が把握されることなく、絶対的な自己根拠づけが挫折したときに、それでもなお人間には何が残されているか」という問いが生じるような場合だからである。こうした事情を理解するための例としては、デカルト（René Descartes, 1596–1650）が、徹底した理論的懐疑だけでなく、「暫定的道徳」[*6]（morale par provision）の問題をも扱った点を挙げることができる。この「暫定的道徳」は、理論的認識が完成したあかつきには、それにもとづいて成立する「確定的道徳」（morale definitive）によって塗り替えられるものとみなされる。ここでデカルトはある錯覚を抱いている。自然学がまもなく完成するであろうから、「確定的道徳」もただちに手に入るに違いないという錯覚もさることながら、暫定的状態というものを、あらかじめ決まっている到達点までの固定した期間と考えている錯覚は、なおさらに興味深い。ここでデカルトは、理論が発展することによって、暫定的道徳という中間期もその影響を受けるかもしれないという点をまったく考慮していない。そもそも、学問の終末ないし完成がいまだに達成されていないところで、「暫定的道徳」という理念の効果を考えるのは奇妙な話ではある。また、いくどとなく失望を舐めながらなお学問に対する過度の希望を、「暫定的道徳」の内に読み込むというのも、またおかしなことではあるまいか。デカルトは、暫定的状態を固定した期間として思い描いたため、この期間特有の人間学的意味合いを十分に展開する必要を無視してしまった。そこでデカルトは、暫定的道徳の範例として、森の中で道に迷った場合を挙げて、森から抜け出すためには、ひとつの方向を定めて、とにかく真っ直ぐ進むことを推奨している。[*7] いかなる森も限りがあるものだし、全体の状況を考察するに当たって、森そのものは動いていないと考えて構わないからである。暫定的道徳として、形式的にひとつの方向に決定することが奨められる以上、状況の具体的な特徴に配慮する必要はないし、方向づけの定まらない状況において人間がどう対処するかということも含めて、状況の変化を考慮に入れる必要はないというわけである。「方法」がやがて完成するだろうと予告されるなら、現状における人間の自己理解などは余計なものであり、最終的な真理と道徳が獲得されるまでの暫定期間に対処する技術、つまり修辞学も不要となる。なぜなら修辞学とは、明証性が欠けているところでの対処法を提供するものだからである。

哲学と修辞学の二元論は、たびたびその宥和に失敗してきたとはいえ、一種の歴史哲学的な思考の内ではその二元論を解消することができるかもしれない。その場合、この歴史哲学的思考とは、「暫定的道徳」の前提を疑うことで変容させ、デカルトの企てを改変するものとなるだろう。いかなる分野であれ、学問的認識の完成というものは疑わしいし、そのような完成によって「確定的道徳」を打ち建てるほどの成果が得られるというのもまた同様に疑わしい。ともすると忘れられがちだが、そもそも「進歩」とは、デカルトが暫定的道徳の時期として想定した中間段階がいつまでも続く生活形態のことにほかならない。デカルトが正しいなら、全体が完成するに先立って、その成功の分け前があらかじめ与えられるなどはありえない。換言すれば、哲学のプログラムは成功するか失敗するかのどちらかであって、最終成果が分割払いで支払われるようなことはないのだ。そして、明証性が確立される手前のこの領域こそが、修辞学の領分である。修辞学とは「暫定的道徳」の道具なのだ。こう考えると、修辞学とはまさしく、それに必要な手段を集大成したものと言えるだろう。修辞学とは、懐疑という前提から生じる症候群《シンドローム》である。修辞学は所詮「ただの手段」にすぎないではないかといった非難をかわすために、確かにそれは手段ではあるが、あくまでも真理に到達するための手段なのだと強弁したとしても、事情は一切変わらない。なぜなら、修辞学は、それが勝利するときでさえ、なおも「修辞学的」に振る舞わざるをえなかったからである。紀元前四世紀に修辞学が事実上、哲学の要求と決別したとき、イソクラテス（Isokrates, BC 436–338）は自らの「弁論術《ソフィスティーク》」を、ソフィスト的な芸当をもって「哲学」と呼んだ。[*8] ヤーコプ・ブルクハルト（Jacob Burckhardt, 1818–97）に言わせれば、修辞学の基盤となっているのは、ギリシア人がもつ、現実に対するセンスというよりも、効果に対するセンスなのである。[*9] 修辞学とは、「ほんの一時」、「国家を操る雄弁」にまで成長したが、たいていは「ただ法廷での成功を目指して形成された」ものである。ところで、ギリシア人自身は、言論による説得を、力ずくの征服に対立するものとみなしている。つまりイソクラテスによれば、ギリシア人同士が交流する際には説得こそがふさわしいが、蛮族《バルバロイ》に接するときには、力による制圧こそがふさわしい。こうした違いは、言語と教養の相違として理解される。なぜなら、説得が通じる場合は、互いに共通の理解の地平に立っていて、紋切り型を使った仄めかしや、比喩や喩えが通用するものと信じてよいからである。真理と修辞学的効果を対置するのは表面的なことである。それというのも、修辞学的効果というものは、その気になれば獲得しうる洞察が得られたうえで、さらに自分から自由に選べる代替物といったものではないからである。修辞学的効果とは、けっして獲得しえない、あるいはまだ獲得していない——いずれにせよ、いまこの時点では手中に収めていない——明証的真理の代替物なのである。そう考えると、修辞学とは、効果を与えることを目指す技術であるだけではなく、そのような効果を明白にする技術でもある。修辞学とは、何ごとかをそれと明示せずに実現する技法であり、ことさらあからさまに使用されるには及ばない表現手段である。

哲学は長いあいだ、永遠の真理や究極的な確実性を少なくとも約束しようとしたところから、修辞学が理想とする「合意《コンセンサス》」を蔑視せざるをえなかった。合意とは、説得によって獲得される成果ではあるにしても、その合意は反駁されることもありうるからである。しかし、哲学が近代の科学的「方法」の理論へと転換するにいたって、哲学もまた、修辞学の根底に働いている断念を免れることができなくなった。確かに、差し当たりは、科学の仮説というものは、常に認識の暫定的な補助手段であり、検証や最終的な確証を導き出すための指示であるように思える。しかし科学史を見れば分かるように、検証といったものも、反駁の可能性を含んだ合意を意味している。ある理論を公表するということは、その理論の確証の手続きを示し、それに従う限りで理論の客観性が承認されると保証することである。だからといって、別のやり方をすれば別の結論が得られたり、矛盾が生じたりすることがありえるといった可能性までが、その検証手続きによって最終的に排除されるわけではない。トーマス・S・クーン（Thomas Samuel Kuhn, 1922–96）が『科学革命の構造』において「パラダイム」と名づけたものがある。それは、科学のある分野において長期間通用している基本的な思考パターンであり、将来にわたって洗練され拡張していく研究のすべてを包括するような枠組みを指す。こうした「パラダイム」は、まさしく「合意《コンセンサス》」にほかならない。すなわちパラダイムとは、専門家集団と教科書の「修辞学」を介して——最終的にではないにしても——定着しえた合意なのである。

明証性の欠落ということは、理論的過程と修辞学の双方を規定する共通の状況であり、結論は常に暫定的であるが、そのことを全面的に許容しうるのは、科学の決定的な利点である。しかし、かならずしもそう言いきれない面もある。なぜならデカルトの場合、こうした状況が堪えがたいものとみなされていたからである。ただいずれにせよ、科学を、常に「伝達可能」で、個々人と各世代をただ単なるその担い手《エージェント》として含む複合的過程として理解し、組織することを可能にしたのは、「方法」についてのデカルトの考えであることに変わりはない。この種の理論によって支えられているすべての「応用」の行為は、暫定的であることの脆弱さをもち、いつでも否定可能であるといった弱点を有する。修辞学は、「合意」をあからさまに要求するが、理論もまた、暗黙のうちにではあるが、「合意」を得ようとする。両者のあいだの決定的な相違は、時間の次元に求められる。科学は待機することができるし、また待機可能であることを承認する申し合わせにもとづいている。これに対して、修辞学においては——それが真理の「装飾」ではありえないとするなら——欠如的存在である人間にとって行動が差し迫った事態が、状況全体を規定する構成要素として前提されている。それはあたかも、科学的プロセスを模倣するものとなっている。それというのも、修辞学においては、議論が公共的な意思形成の制度として、結果を合理的に発見する機構《メカニズム》のようなものとみなされるからである。しかしその一方で修辞学は、科学的な合理性がもつ原理的に無限のプロセスを実現することはできない。もとより弁論の時間制限は、修辞学上の厳密な形式的規定を不十分ながら代理する工夫として導入されたものではあろう。しかしそれはまた、代替手段であったとしても、修辞学の本質的な制度の一部となっている。弁論の時間制限が軽視されたり、認められていなかったり、あるいはその反対のもの（「審議引き延ばし」）が制度化されているようなところでは、修辞学は暴力《テロ》にも似た性格を露わにしてしまう。自らを修辞学の観点から理解するということは、有限的状況の中での行動の必要と、規範の欠如を自覚することである。そこにおいて義務的強制ではないものの一切が修辞学となるのであり、修辞学は義務的強制に対する断念を含む。

この場合、行動が差し迫った事態——つまり、修辞学的状況を規定し、まずは生理的反応を要求するような事態——は、修辞学的に変形され、そこで強制された行動は、「合意」を通じて、さらに「単なる」修辞学的な行動に変換されることが可能である。生理的活動を言語活動に置き換えるというのは、人間学の基幹であり、修辞学はそうした人間学の基幹の体系化である。エルンスト・カッシーラー（Ernst Cassirer, 1874–1945）は『象徴形式の哲学』において、人間を「象徴を操る動物」（animal symbolicum）として叙述した。この「象徴を操る動物」の本源的な活動は、外部からの「印象」を内面からの「表現」へと変換して理解することであり、そのようにして外的なものや未知のものを、それとは別のものへ、すなわち感覚的に把握可能なものへと転換することである。カッシーラーによれば、言語・神話・芸術・科学こそが、「印象」から「表現」への第一次的な変換過程を反復する「象徴形式」である。[*10] しかし、カッシーラーのこの理論は、そもそもなぜ「象徴形式」が成り立つのかを説明しようとはしていない。象徴形式が文化的世界の内に見出されるという事実にもとづいて、「象徴を操る動物」――つまり自身が創造したものによって自らの「本質」を表現するもの――が存在すると推定されるのである。人間を「過剰なるもの」と捉える人間学は、確実で、少なくとも疑う余地のない生物学的存在を基盤として、「象徴形式」という文化的構築物を、一段また一段と組み上げる。もとより、自然のままの存在を単純に拡張していったところで、そこからその展開の行く末が連動して見えてくるわけではない。しかし、自明視された常識を揺るがすことが哲学の役目である以上、「哲学的」人間学としては、生理学的生存なるものは、人間にとって「本質的」とみなされる活動の結果として初めて生じるのではないかと問わなければならない。そうなると、「人間が生存しうるのはけっして自明のことではない」というのが、人間学の第一の主張になるだろう。このような考察は、近代の社会契約による国家形成理論において典型的な仕方で提起されている。その理論によれば、人間が市民社会を形成する必然性は、「自然」状態が人間の生理学的生存の可能条件に逆らうという点に求められる。ホッブズ（Thomas Hobbes, 1588–1679）において国家とは、生存圏が文化世界にまで拡張された人工的所産というよりは、死をもたらす抗争を排除する最初の人工的構築物である。哲学的に言って、この理論の眼目は、国家——しかも絶対主義的国家——という制度の出現を説明することではなく、「政治的動物《ゾーオン・ポリティコン》」という、人間の本質とみなされるものの規定を機能的な叙述へと書き換えるところにある。人間学を学問的に展開するには、それと同様の仕方で、いわゆる「自然」と想定されるものを解体し、人間の基本的活動の機能的体系における「人工性」に「命」を通わせる以外には道がないと、私には思われる。そのような最初の試みを果したのが、パウル・アルスベルク（Paul Alsberg, 1883–1965）の一九二二年の著作、『人類の謎』である。しかしこの著作は、その標題や文章に難があるため、総じてあまり注目されることもなく終わった。アーノルト・ゲーレン（Arnold Gehlen, 1904–76）は、一九四〇年に『人間』*一二という著作——意図に関しては疑問があるものの、基本的文献と言いうるもの——において、知覚と言語の理論の基礎を築き、そこからさらに、「制度」の理論の基礎づけへと向かっていった。「制度」を絶対化するゲーレンの思想によって、人間学はある意味で、国家契約論のモデルに見られる結論に舞い戻ったのである。ゲーレンの人間学をめぐって、このような宿命的な還帰は必然的であるのか否かという論議は、今日にいたるまで決着がついていない。

人間には、現実に対する反応を決定する特別の態勢が欠けているということ、つまり人間における本能の欠落は、人間学の中心的問いの出発点である。その問いとは、このような生物学的な欠損にもかかわらず、人間なる存在はいかにして生存が可能なのかというものである。その答えは、このようにまとめられる。それは、人間が現実と直接には関わらないことによって可能になっている、と。人間の現実は、間接的で回りくどく、遅延して選択的で、何よりも「隠喩的《メタファー》」である。人間がいかにして現実との関係から生じる過剰な要求を処理しているかということは、判断の唯名論的解釈によって以前からとうに示されている。判断における述語というのは「制度」である。ある具体的な何ものかが把握されるのは、それが制度の一部として、それに融合することによってである。具体的なものは、判断の中に融け込んだとき、そのものとしては消失する。しかし、あるものをあるものとして把握することは、あるものを他のあるものによって把握することとは、根本的に別の事柄である。主題となった対象から離れ、前もって有益なものと想定された他のものへと視線を迂回させる隠喩的な回り道は、与えられた事実を「他なるもの」として、つまり手軽に対処可能な身近なものとは異質のものとして捉えている。判断の極限値が同一性だとするなら、隠喩《メタファー》の極限値は象徴《シンボル》である。象徴の場合、そこで導入される「他なるもの」は、完全に異質ではあるが、それは純粋に、対処不能な事柄を対処可能な事柄によって置き換えるものにほかならない。「象徴を操る動物」たる人間は、自分にとってはまるで死の世界とも思える現実を、象徴的に捉えることによって支配する。人間は、自分にとって無気味なところから目を逸らし、自分が慣れ親しんだところに目をやるのである。こうしたことは、同一性を要求する判断というものが、その目的に到達しえないような場合に最も明瞭になる。このような場合としては、判断の対象が、判断という処置の手には負えないような場合（「世界」、「生命」、「歴史」、「意識」などを主題とする場合）がひとつである。さらには、迅速な進路確定や思い切った説得が必要とされるときのように、行動が差し迫った状況において、判断という処置に十分な余裕がない場合もある。いずれにせよ、隠喩は修辞学的手段の操作法《マニュアル》の一章にはとどまらない。それは、修辞学の本質的な要素であり、それによって修辞学の機能が明確に現れ、人間学との関係が示されるのである。

行動が差し迫った状況において、明証性の欠如を埋め合わせる「解決手段」としてのみ修辞学を考えるなら、それは一面的で不完全であろう。修辞学は行動の理論的な方向づけを代替するだけではない。より重要なのは、修辞学が、行動そのものの代理となりうるということである。人間は、あることの代わりに別のことを「思い描く」ことができるばかりでなく、あることの代わりに別のことを「なす」ことができる。歴史から何かが学べるとするなら、これこそがその教訓である。つまり、もし行動を別の何かで代理する能力がなかったとしたら、人間性の特徴と言えるものはほとんど残らないというのは、歴史が教えることである。アブラハムとイサクの物語から分かるように、人身御供に代わって動物の生贄を捧げるといった儀礼的代理が、代替的行為の起こりであったと考えられる。キリスト教においては、二〇〇〇年にわたって、ひとりの人間〔イエス〕の死が、すべての人の罪深い不幸を贖うというのが、まったく当然のこととみなされてきた。フロイト（Sigmund Freud, 1856–1939）の見るところ、トーテム祭は、子孫たちが族長の殺害に終止符を打ち、その埋め合わせに他の何らかの代替行為を行う習慣を培ったことに由来する。フロイトは、一九〇九年にユング（Carl Gustav Jung, 1875–1961）とアメリカ旅行に発つ前に、学派からの離反を疑われていたユングに対して、ブレーメンで食事中にワインを飲むように勧めたが、これはフロイトの最初の師であるブロイラー（Eugen Bleuler, 1857–1939）の教えに反することであった。こうしてフロイトは、ユングをむりやり服従させるのではなく、その代わりに、内心ではもはや自らがユングの学問上の父たるつもりはないことを示したのである。[*12] 政治の分野では、ある発言やパフォーマンスが「単なる修辞《くちさき》だけ」にすぎないと言われると、それは重大な非難となるだろう。しかしこのような非難自体もまた一種の修辞であることに変わりはない。つまりその非難は、政治が「ただの言葉」に限定されてよいなどとは断じて認めることはできないし、それを承認するつもりもないといった信念を代弁する「修辞」なのである。政治以外の例を挙げ、「警告」といったものを考えると、警告を受けた者がその禁じられた行為をなすつもりがまったくない場面ですら、なおもその警告が口にされるなら、その時こそ警告は最も効果的に働いていることになる。またよく言われるように、「ただの提案にとどめる」（bei Erklärung zu belassen）こと、つまり行為のリスクが予想されるあらゆる成果を上回る場合に、行動の条件となっているところをそのまま表明するのも重要である。ここにおいては、その場では決着のつかない現実理解が問われていることになる。

明証性の欠如と行動の切迫というのが、修辞学的状況の前提である。ところで、代替的ないし隠喩的な手続きばかりが修辞学的であるわけではない。行為の切迫自体は、全面的に「現実的な」要素というわけではない。行為が切迫している場合、その要求は、行為者に与えられたり、行為者が自任したりする「役割」にも関係する。自己理解は隠喩的表現を用いるのだし、「自分に言って聞かせる」というような言い回しを考えれば、修辞学を内面的に用いることは、取り立てて新しくもないのが分かる。目下再び流行している「役割」という隠喩表現は、人生や世界を「劇場」とみなす根強い伝統にもとづいている。したがって、「劇場」というものの歴史的形態が異なった場合、「役割」のイメージも、今日のわれわれがその隠喩を使う際に想定しているのとは違ったものとなって当然である。諍《いさか》いの過程で「面子を保つ」（das Gesicht wahren）という表現は、確かに「面子（仮面）」（Gesicht）の元々の意味とは違っているが、それでもそれは、役割の比喩に含まれる内容を表している。それはすなわち、ある人物がその態度を変えざるをえないような出来事に巻き込まれたとき、その人物の役割の一貫性を壊してしまうことなく、そこで生じる変節をやむをえない結果として納得させるというものである。大小の権力をめぐる政治的駆け引きが、今日いかに役割の決定や、役割に対する期待によって記述されうるか（ここではさらに、人間学的な比喩が、それ自体比喩として採用される）、そしてそのような駆け引きの内には、潜在的に修辞的な要素を含んだ態度を現実にも修辞的に扱うといった実践上の指示がいかに含まれているかということは、あらためて言うまでもない。ゲオルク・ジンメル（Georg Simmel, 1858–1918）によれば、役割の比喩表現が有効なのは、人生というものが「芝居の雛型」だからである。しかしその場合、「劇場」という比喩表現を使うからといって、目の前に繰り広げられている光景が幻想であり、舞台上の仮初《かりそ》めの生であって、仮面や衣装は着脱自在なのだから、舞台と俳優からその幻想を剝ぎ取りさえすれば、現実が剝き出しとなり、舞台上の芝居は終わりを告げるのだなどと考えてはならない。その点に、まさにジンメルは気づいていた。ジンメルが語っている「生」とは、たまたま一時的に芝居の「雛型」であるようなものではない。生きることができるということと、ある役割に扮するということは同じことなのである。「役割」についてこのように語ること自体が、ひとつの隠喩《メタファー》であるというだけではない。役割の概念は、自己同一性の意識と結び付いているものではあるが、同時にその同一性を損ないもする。そのため、そうした役割概念の定義の過程そのものが隠喩的思考（Metaphorik）に根ざしており、それを自己や他者に対して主張したり擁護したりすることもまた、隠喩的な過程なのだと言わねばならない。アーヴィング・ゴフマン（Erving Goffman, 1922–82）の『スティグマ』[*13]はこのことを多角的に示してくれる。「合意」は、「説得」（場合によっては、自分で自分を説得すること）を目的とする以上、そこでは役割意識と、他者からの役割期待とが一致することが必要だが、こうした一致は、あらゆる状況において脅かされるため、そのつど新たに保証されなければならない。おそらくは、「合意」というのは強すぎる表現だろう。なぜなら、「合意」に含まれる賛同という要素は、この場合はむしろ付随的なものだからである。基本的には、内容に関しては首尾一貫していて、また対外的には、第三者によって受容可能な程度に矛盾や反論が抑えられているのであれば、それで十分なのである。修辞学とは、行為の許諾を勝ち取るための技法に尽きるわけではない。修辞学とは、自己理解を形成する途上やその完成に際して、その自己理解を自分自身に対しても、他人に対しても一貫して擁護する技法なのである。科学論の用語を借りるなら、隠喩的に理解された「役割」は、反証されていないという意味で「正当化」されている「仮説」のような機能を果たしている。「合意《コンセンサス》」とはこの場合、自然現象によって与えられる確証に相当するが、そのような目的論的な価値とは別に、修辞学には、無矛盾性という保証や、受容されたものが首尾一貫して破綻がないという保証も存在しうる。それらは政治的な言い回しでは、「共通基盤《プラットフォーム》」と呼ばれるものである。このような実情に照らすなら、「共通の確信の基盤」を求める要求が頻繁に、またさまざまな提案のかたちで拡がっていくというのは、理解しやすいところである。さらに言うなら、「合意」とは、修辞学的効果の「理念」といったところでもあろうか。要するに、修辞学的機能の人間学的基礎づけにおいて、合意は付随的なものなのである。

行動が切迫している事態を修辞学的に代替することと、「自己保存」の観点から自己呈示を修辞学的に覆い尽くすことは、ともに創造的な行為（象徴の創造、役割の概念）を前提しながらも、純粋な創造性という点で見るとやはり無力で無効であるという点で共通している。昨今では、創作美学と受容美学との関連が考察されているが、そうした関連もまた、似たような構造に行き着くように思える。「いかなる芸術にも修辞学の段階が存在する」[*14]と、ニーチェが一八七四年にキケロについての断章の中で書いている。代替的象徴の「考案」は、世界に関する最も当たり障りのない、想像力の乏しい活動であるかもしれない。象徴は認知されなければならないが、そこには——芸術作品とは異なり——内容的にはほんのわずかの刺戟さえも含まれてはいない。ここでは、認知度こそがすべてを決するも同然なのである。それによって初めて結果がともなう。ここで、古典的な政治的表現「貿易は国旗についてくる」[*15]（der Handel folgt der Flagge）という言葉を思い起こしてみよう。今日ではこの表現は転倒され、「国旗はついてくる」と言うことができる（外交的関係を維持していない国家は、他の契約が付随するのを期待して、商業上の契約を結ぶのである）。古来の言い回しの逆転は同時に、「国旗」という象徴が、予期される価値を完全に失ったことの現れである。「国旗」という象徴は、せいぜい現実に装飾を施す程度にすぎないものとなっている。代替物の有効性は「規約」にもとづいていると言われるなら、それは正しくはあるが、同語反復と同じである。規約は結果であるが、それはいかにして成立するのだろうか。疑いもなく、告知と普及化によってである。このことは、科学史のなかの最も抽象的な事例、例えば形式論理学的な記号体系の一般化というような例についてすら当てはまる。普及化のための修辞学は、細々とした細目を語ったり、支持されていない国家体制に関して、国民の理解が得られていないことを公的に表明したりするような場合に成立する。政治的現実が、経済的問題以外の領域での活動を弱めれば弱めるほど、それだけますます、「認知」や名称の問題が重要になる。あるいは、どうやっても実現不可能なものについて、その断念のためにわざわざ合意を図ったり、どのみちとうに確定しているものについて、その獲得のための手続きをわざわざ踏んだりすることが求められる。かつて「現実的」と認められていたものが消失すると、その代替物がたちまちのうちに「現実」になりすます。美学の領域においては、作品としての具象性がことごとく失われた場合ですら、あるものを芸術作品として、あるいはせめて、一切の芸術の終焉ののちに「注目を浴びるべき」ものとみなすという発案が、修辞学的強弁によって通用してしまう。それは、ある作品について註釈が必要とされて、付随的テクストや後続テクストによってその要求が満たされるといったことは、とりあえず区別される。むしろそれは、芸術、ないし芸術作品の末裔に対する宣言である。芸術は、たとえ有力な批評家から酷評された場合であっても、それによって芸術史の文脈の中へ取り入れられる。芸術の歴史において、芸術は別の芸術との対抗を通じて、過去の終焉と未来の誕生を宣言する修辞学的身振りとともに生産されるのである。その場合には、修辞学に対する拒絶すらが、なおも修辞学的である。作品を旧来通りに「理解」しようとする観賞者は、その思い込みが打破されることで、理解不能な作品のほうがいまや主流なのだと認めざるをえない。こうしてその作品は、かつて理解されえたもの、あるいは既存の基準によって理解可能であるものに対して、「代理」の位置を占めるのである。こうして、歴史を成立させる「再充塡」[*16] (Umbesetzung 代替) は、修辞学的に実現される。

修辞学は、行為の時間的構造とも関係している。加速と遅延というものが、歴史的過程に関する主要契機なのだが、そのことはこれまで十分には考慮されてこなかった。「歴史」は、出来事と、(普通そう解釈されているように) 出来事の連鎖によってのみ成り立つのではなく、時間的な「蓄積形態」とでも呼べるようなものによっても構成される。われわれの伝統の中で合理性と呼ばれてきたものは、ほぼいつでも、その進行過程の加速、ないし密度の上昇といった契機に貢献してきた。歴史の弁証法的理論すらが、加速の諸要因を強調するものである。それというのも弁証法的理論は、歴史の進行過程を転換の臨界点にまで推し進め、それとともにその過程を――認識可能な仕方で、つまり主張されている法則性を確証しながら――最終状態へと近づけていくことになるからである。技術化の多重的な現象は、時間の節約という意図に集約される。これに対して、修辞学は、行為の時間的構造という点に関しては、遅延の総称である。修辞学の特徴である回りくどさや、さまざまな手順を踏んで作り出される幻影、あるいは儀礼化といったことの内には、二つの地点を最短距離で結び付けることが、かならずしも人間的とは言えないのではないかという思いが含まれている。音楽などの美的現象に関しては、こうした事態はわれわれに馴染みのものである。現代社会において過度の要求が生じているのは、状況の複雑化にのみ由来するわけではない。それはまた、事柄からの要求と、それに対処する決断が、時間的構造の点で食い違っているところからも発している。プロセスの加速化と、そのプロセスを把握し着実にそれに取り組み、全体的展望をもって他のプロセスと組み合わせる能力とのあいだに、不均衡が生じてしまっているのである。人間の行為を技術的に支える何らかの補助的機能は、ある種の同化効果をもっている。つまり、すべてのデータがただちに手に入る場合に、速やかな決断こそが状況に対応した優れた対処法ということになる。さまざまな発展の可能性を獲得し、またそれらを今後も獲得しうるという希望が、進歩への批判――それがロマン主義的な単なる回顧でない限り――についての考察を左右する。そして、技術的戦略《オペレーション》に関する分析は、最善の問題解決の手段を提供してくれるが、これとても、そもそもその問題設定が正しいのかという疑念を払拭するものではない。そのような疑念においては、行為はすでに、理論に先行しているものとして、あるいは理論から生じる単なる帰結以上のものとして捉えられている。公共的行為の内には、遅延の契機を示すかなり強い特徴を見て取ることができる。「反省」といった使い古された言葉が再びキーワードとなりえたのは偶然ではなかった。決定権を握っている大多数の人びとにも、修辞学的な長い迂回路を辿らせるというかたちで、一拍置くことが制度的に求められるのである。明らかに、何かがそれを「強制」しているわけではないし、とうに決定済みのことを承認する以外にはないというわけでもない。進行過程の加速化は何といっても、「刺戟の過剰」――生物として貧弱な存在である人間にとって本質的に不可避のものであり、行動の制度化によって人間がそれに対処しようとしているもの――のひとつのヴァリエーションにすぎない。その場合に言語的制度は、より大規模な調整機構の衰退段階などではない。その場合、言語的制度の効力は、精確さを本質とする決定論的理論の理想に即して計られねばならない。

「非合目的なるものの合目的性」とでもいうものが存在する。われわれは今日、既存のものすべてに対して、自らの存在の正統性に関する釈明義務を負わせるといった批判的な手続きによって、「時代遅れになった」形態がたちまち崩壊していくのを目撃している。しかし同時にわれわれは、新種の精緻な処理方法の内におびただしい幻想が働いているのを目にしている。それらは、かなり無味乾燥な名称で、職務規程、管理機構、機能的システムなどと呼ばれるものである。時間の効率化は、たちまち濫用されることになる。

われわれは、自己の行為に対する自覚を規範として教養の理念を理解するような考えをいよいよ断念するように迫られている。かつて医者は、それぞれの器官の働きを熟知し、その器官の機能不全が病気を引き起こすことを理解したうえで、自らが行う治療と投薬の効果を知らねばならないだけでなく、自分がそうしたことすべてを記述する際に常に用いる外来語――それを使うことで、彼自身が医師という職能集団に属していることの証明になる言葉――の由来をも熟知していなければならなかった。また船長は、六分儀や、それを使うために必要な三角測量の公式を自由に駆使できるだけでなく、その器具の仕組みと、三角測量の公式の導き出し方を知らなければならない。そうすることで彼は、いつロビンソン・クルーソーになっても困らないように、出来合いの補助器具が使えなくなったときには、自分でそれを「何もないところから」(ex nihilo) 組み立て直す技倆をもっていなければならなかった。こうした考えとは対照的に、技術に支配された世界において必要なのは、訓練を積み、状況に即した対応が可能な技能者なのであり、そうした者はかならずしもその機能の連関すべてに通じている必要はないという考えが一般的になりつつある。自分の行為の「理由」を知ることによって自分の行為の

「内実」を理解するといった機会は、ますます少なくなってきている。理論から実践へ向かうのに必要な道が直接的なものになればなるほど、行為は機械的な反応《リアクション》に近づいていく。「無用な」知的過程を取り除くよう求めるのは、すなわち機能的な等価物による「軽減」を要求することでもある。確かに、自身の行為を自覚せよといった面倒な要求は、それのみで人間的・道徳的内容を保証するものではない。しかしそれは、遅延した反応の典型として、潜在的には「意識的」行為の典型ではある。「教養」――「教養」と呼べるものがいまだに存在しているものとして――とは、〔機能を発動させる〕信号《シグナル》と〔瞬時にそれに応じる〕反応《リアクション》との機能上の結合過程に生じる遅延に関わるものだということを強調しておこう。そのため、教養の内容や、その「価値」や「遺産」といったものは二次的なものになる。教養の価値をめぐる議論は、その正統性を証明する義務を一方的に押しつけるものになりがちである。伝統的な教養の遺産を擁護しようとするなら、そんなものにいまだに価値があることを証明してみせよというわけである。しかし、伝統的教養の遺産がそれ自体としては何の価値もないと仮定するなら、かえってその「修辞学的」な価値が明らかになってくる。教養とは、事物を短絡的に有用化しようとする人間の活動に歯止めをかけ、二つの地点をそのつど最短距離で結び付けるような世界の登場を阻み、あるいはせめて遅らせるようなこと――そうしたことを行う振舞いであり、練習課題であり、課せられた迂回、寄り道、儀式なのである。古典修辞学は、本質的に行為の促進を命じるものであるのに対して、近代の修辞学は、行為の遅滞を引き起こすこと、あるいは少なくとも行為の遅滞を理解することを目指すのである。なぜなら近代の修辞学では、修辞学が象徴的な代替物を呈示することによって、それ自体が代替行為を演じるからである。

すべての修辞学の根本命題は、「非充足理由律」(principium rationis insufficientis) である。これはまた、本質を欠いた存在である人間を論じる人間学に対応したものでもある。ライプニッツ (Gottfried Wilhelm Leibniz, 1646–1716) は、「なぜ何ものかが存在して、むしろ無ではないのか」(cur aliquid potius quam nihil) という問いに対しては十分な理由を示すことができると考えたが、もし人間の世界がそうしたライプニッツの形而上学的楽観主義《オプティミズム》に見合うものであるなら、いかなる修辞学も存在しえないことになるだろう。なぜならそのときには、修辞学を用いて働きかける必要も可能性もなくなるからである。われわれの歴史のなかで、その広がりからいって最も重要な修辞《レトリック》、すなわち「祈り」の修辞は、合理主義的ないし主意主義的な神概念の神学的位置づけに対抗して、祈りによる説得に応じる神との繋がりを保たなければならなかった。同じ問題が、人間学においても繰り返される。したがって、人間学において主題となる「人間」は、「知識《エピステーメー》」によって「臆見《ドクサ》」を哲学的に克服しようとする存在とは別物なのである。

しかしながら、非充足理由律は、根拠を断念させる要請と混同されてはならない。「臆見」もまた、根拠づけを欠いた態度というよりは、規則性をもたない多様な仕方で根拠づけられた態度と理解しなければならない。全面的に包括的で決定的な処置が不可能な状況においては、非合理的であるとの非難は慎まなければならない。生活実践を根拠づける場面にあっては、

「科学的形態での」手続きに固執するよりも、完全性の欠如を許容するほうが「合理的」ということもありうる。それは、すでに下された決定を、科学的根拠づけを装って飾り立てるよりもよほど合理的なのである。公的活動を決定するのに科学を頼りとする楽天的な態度は近年ではいくらか弱まってきてはいる。しかし、科学の絶対性を疑う前に考慮しておかなければならない事情がある。それはすなわち、科学者から成る諮問委員会といえども、ある見解の最終的な確証が得られない場合、諮問を行った政府組織の意向と異なった答申を出すことはむずかしいという点である。要するに、科学者集団もまた、修辞学的に、つまり何らかの事実上の「合意」を目指すかたちで振る舞わざるをえないのであり、しかもその合意は、かならずしも理論上の規範についての合意とは限らない。科学的規範とは、命題の「様相」[*17] (Modalität) をきちんと区別することでもある。単に「蓋然的に」(problematisch) のみ主張可能なことを、「決定的に」(apodiktisch)、あるいはさらには「断定的に」(assertorisch) 主張することは、こうした規範に抵触する。公的な活動に巻き込まれたり、そうした活動を受け容れざるをえない場合は、科学的提言の結果として呈示される前提が、はたしてどれほどの信憑性をもつかを知ろうとするのは当然の権利である。修辞学は、修辞学を認識することを教えはするが、修辞学を正当化することを教えるものではない。

これは、科学と政治的判断基準の関係だけに関わる話ではない。それは、理論的身分に関して基礎づけが脆弱であったり、証明によって確証できないにもかかわらず、その発言がきわめて重要で永続的な実践的効果を及ぼすような場面に関わることなのである。検証手続きを明確に指示していない問題や発言を撲滅しようという実証主義の提案は、前述のような前提にもとづいた実践を排除することになるため、けっして現実的意味をもつことはない。「人間はその本性上善であるのか、悪であるのか」、「人間は先天的に決定されているのか、環境によって規定されるのか」、「人間は自らの歴史の決定要因なのか、事実的要素なのか」といったような問いは、学問上は先延ばしできるものであったとしても、実践的には猶予のならない問題であり、無関心でいることは許されない。そこで、あらゆる面で実践的なプロセスに巻き込まれている教育学においては、その理論上の前提がきちんと提供されるのを悠長に待っているわけにはいかない。そのため教育学は、生物学・心理学、社会学やその他の学問を理論的に一般化して、そこから暫定的な結論を受け取ろうとする。このような境界領域においては、修辞学的タイプの特徴的な過程が展開され、多様な合理性と現実理解が出現する。なぜなら、ここでは行動の差し迫った事態が現れるだけでなく、そうした事態に関わる理論を支え、その意味を保持するような前提を、公理として確定する必要が生じるからである。しかしながら、このような決定は、「無差別選択の自由」（liberum arbitrium indifferentiae）といった冷笑的態度《シニシズム》とは無縁であり、実存主義的な自己決定とも無関係である。

「非充足理由律」が妥当する領域においては、学問的な形態とは異なった合理的決定の規則が働いている。パスカル（Blaise Pascal, 1623–62）はその「賭けの理論*18」においてそうしたモデルを提起している。このモデルは、超越的な無限の利得のチャンスを、有限な賭け金のリスクと比較するというものであるため、それほど説得力のあるものではない。しかし、人間は、自らの自己主張と自己展開に有利な理論的選択のチャンスに対して、あらゆるリスクを賭してでも、実践の掛け金を置かざるをえないという点で、このモデルは有効である。因果性の原理の妥当性やその明証的な根拠づけを理論的にいくら疑ったところで、われわれが行動するに際して、因果性の原理が無制限に妥当しているという想定がいささかでも変わるわけではない。さまざまな学問分野から提起される波及効果ある発言は、人間の行動様式がどこまで内在的・外在的決定要因によって規定され、それに影響されているかという問いに答えるものではあろう。こうした複雑な問いは、科学的にはこの先も未解決なものと考えられるにしても、科学理論の趨勢としては、内在的な決定論に傾きがちであるということは容易に予想できる。例えば進化論においては、経験的な所見とは無関係に、ラマルク主義のさまざまな亜流よりも、ダーウィン主義が優先されるのである。多様に分布し、十分に精査することのできない領域に関わらざるをえない理論と比べるなら、種類としては限られてはいても、方法論的には他のものから明確に区別して叙述可能な要因に限定された理論のほうが、トーマス・クーン的な意味での「パラダイム」となるチャンスが大きい。科学がダーウィン主義タイプの結論へと接近していくことは避けられないのであり、それには理論的に十分な理由があると思われる。

このような発展は、公的・私的な生活の多くの領域において、広範な影響を及ぼすものとなるだろう。つまりこれは、教育・裁判、社会的防衛手段や懲罰の行使、人間相互の日々の交流に対してすらも、影響を与えざるをえない。しかし実際のところ、実践的公理の優位は、学問的優位を目指すものとは思えない。この点は、カント（Immanuel Kant, 1724–1804）が『実践理性批判』の「要請」の理論において、道徳的諸規定が理論的証明と無関係であると想定した際に発見されたことである。カントにとって、その要請とは、形而上学の古典的な主要命題――人間の自由、神の実在、魂の不死――であり、それらは、実践的法則にとっては、要請のかたちで「互いに不可分に結び付いている」。人間の不自由さを語り、法則に従った行動は人間の幸福に何ら資することがないと嘆く者は、そもそも法則というものを誤解している。こう考えると、各々の要請の不可分性という理論は、より納得のいくものとなるだろう。そこでわれわれとしては、要請の理解を形而上学から切り離し、道徳の修辞学と関連づけることにしよう。その要請とは、自他に対する説得によって実践的公理の「合意」を形成するものに関わるすべての総体である。その要請はまた、犯罪や諍いのない生活のために環境を改善し、人生に乗り遅れたり、道を誤ったりした人びとを更生させる公的・私的努力に同意を与え、意味あるものとする。したがってわれわれは、この種の努力と尽力が人間のために無駄ではないこと、そして学問的に疑問視されるものでもないことを、あたかも知っているかのように振舞っている。実践においては、人間にとっての大きなチャンスを認識する動機となるものが、「要請」として公理化される。その場合に修辞学は、チャンスへの賭けを邪魔するものに目を向けないように説得する技術でもある。双生児に関する遺伝学的研究は、環境理論の支持者にとっては不利な結論を導き出したが、それにもかかわらず彼らはけっして落胆することはなかったし、またそれは当然のことであった。不確実な科学上の見解が提起される場面はますます少なくなってきているが、それでも完全に消滅することはないだろう。実践にとって理論が十分に頼りにならないような場面、あるいはその理論が維持できないように思えるところでは、不確実性の領域の中ですべてが決せられる。実践的要請は、カント以来、ありとあらゆる科学的対象の世界の圧倒的な決定論に抗うのである。

修辞学は、事実と関係するものではなく、期待に関わるものである。修辞学の伝統全体において「信憑性がある」あるいは「真らしい」と呼ばれてきたものは、実践的な有用性をもっている限り、理論的に「蓋然的」と呼ばれるものとは明確に区別されなければならない。*19 人間が歴史を「創る」ということは、歴史哲学的な迂回路を介して、近代が自らを賭けるチャンスである。「人間が歴史を創る」という命題の意味を理解するには、それによって遂行される「再充塡」(Umbesetzung)を認識しなければならない。筆者は『近代の正統性』(一九六六年)で「再充塡」の概念を導入し説明したが、その時点ではまだ、この概念が理論的な過程を含んでいるということを理解していなかった。なぜなら、歴史においては誰が行為の主体となるか、その点が見極められておらず、証明されていなかったからである。歴史の主体は、「任命される」ものである。われわれの伝統の現実を解明する体系においては、歴史的主体に関して、その空位と充塡の起こる「場所」がある。再充塡の遂行と確証は修辞学的活動である。「歴史哲学」は、ただこうした過程の構造を主題とするのみであり、それを実際に担うわけではない。歴史の主体が決定され正当化される活動が「帝権委譲」[*20](translatio imperii)という修辞学的形象をもつのは偶然ではない。「委譲」といった比喩的機能が、ここでは繰り返し本質的な役割を担う。アレクサンドロス大王は、クセルクセス軍のヘレスポントスへの撤退の内に、自らの歴史的な構想を重ね合わせている。旧約聖書の神は、その歴史の統宰権を契約によって譲り受けている。フランス革命における国民公会は、ローマ共和国の隠喩体系を、その言葉や、議会での着衣、そのモットーにいたるまで踏襲している。「人間は自らの歴史を創りはするが、歴史を思いのまま素材から自らの選択によって創るわけではない。すぐ目の前にある既存の伝承された環境のもとで歴史を創るのである」[*21]と、『ブリュメール十八日』でマルクス(Karl Marx, 1818–83)は書いている。正統性の危機が深刻になればなるほど、修辞学的隠喩《メタファー》の使用が際立ってくる。惰性が伝統を創るのではなく、歴史的主体を指名する際の困惑が伝統を創り出す。それゆえわれわれは、歴史的主体という点では、その役割に参加することだけに甘んじるのである。条件が整った場合には歴史的主体の役を担わねばならないのだとすれば、われわれは歴史的主体であるのではなく、それに属すものなのである。修辞学においては、加担も断念も、同じ程度に用意されている。

ここでは修辞学は、人間の創造的才能として賞讃されることはない。修辞学に関する人間学的考察は、人間の「形而上学的」特徴を裏づけるものではない。人間は「それにもかかわらず」生きている存在なのであり、修辞学はそうした人間のあり方の特徴として、言葉の本来の意味の「貧窮証明」なのである。修辞学を「理性の狡知」[*22]（List der Vernunft）と呼ぶのは躊躇《ためら》われる。それは、修辞学がさらに疑問のある文脈に置かれるからというよりも、筆者としては、修辞学の中に、理性的性格そのもの、あるいは理性の暫定的形態との合理的調整を見ることにこだわりたいからである。修辞学において認識され活用される理論上の暫定的形態とは、理論的に十分な整合性があるとまでは言えない状況で、修辞学そのものに与えられた猶予期間にほかならない。「思想と概念の明晰で精緻な表現」ではない一切の修辞的表現に対抗して、ホッブズは「正しい理性」の使用を奨めている。この表現は当時流布していた「批判的理性」という表現を真似たものである。的確な言い分ではあるが、そのつど「正しい」理性が使われているということ、あるいはそれが「理性」であって、しかも「正しい」ということは、誰が判定するのだろうか。民主主義は修辞学抜きには成り立ちえないというのが、ホッブズにとっては、民主主義に対する最も重要な反駁のひとつであった。民主主義では、決定は「正しい理性によって」（recta ratione）ではなく、「魂の衝動によって」（impetu animi）下されるというわけである。演説者は「事物の本性」に訴えるのではなく、その聴き手の感情に訴えるからである。「これは人間の欠陥ではなく、弁論というものの欠陥である。なぜなら、弁論とは、雄弁術（Beredsamkeit: eloquentia）の教師すべてが教えるように、その目的は（偶然それを手に入れることはあっても）真理ではなく、勝利なのであり、その目指すところは教示ではなく、説得だからである」[*23]。奇妙な主張である。それというのもこの主張は、明らかに雄弁術〔修辞学〕という手段がもつ効果から人間を解放しようとしているが、その手段たるや、まさに人間がただその効果を目指して考案し使用してきたものだからである。そしてこの主張は、国家に関するホッブズの理論が具現する合理性のタイプと対比するなら、その奇妙さがいよいよはっきりする。〔国家を可能にする〕服従の契約は、自己保存を合理的な動機として締結されるのであり、その場合、絶対的支配者の未規定な（あるいは規定不可能な）意志が操作するのは、まさにホッブズが修辞学の対象として非難している「魂の衝動」にほかならないからである。

ホッブズ流の修辞学の病理学においては、情念の興奮が「言葉の隠喩的使用」に起因するものとみなされる。ホッブズにとって、隠喩論は修辞学の重要な要素である。隠喩的用法は「情念に即して用いられ」、そのため「事物の真の認識から遠く離れたものとなる」[*24]と、ホッブズは考えている。ホッブズはここで隠喩的用法と情念との関係を自明のものとして前提しているが、そのような関係はいったい何にもとづいているのだろうか。ホッブズにとって、隠喩は概念の反対物である。隠喩が理性という機構を停止させるなら、理性によって伝統的に抑止され制御されていたあらゆるものが活動し始め、概念の緊張に堪えかねてイメージの安逸さへと逃げ込んでいたものが解放されてしまうのである。ホッブズはこれに対抗して、隠喩を断念し、「事物そのものの観察から」生じるような「雄弁術」を、すなわち認識の叙述の精緻さのみを本質とするような「雄弁術」を推奨する。「事物の本性」を可能な限り洞察しようとして、それに向き合う限り、実際のところ修辞学は、表現手段としては邪道のように思える。もとより、概念に関するホッブズの理論を考察するなら、ある奇妙な点に気づかざるをえない。彼が隠喩を拒否しているのは、知性に対する信頼が基盤となっているわけだが、ここではホッブズは、概念に関する理論において知性に対して容認した以上の信頼を、知性に対して抱いているということになる。それというのも、概念といえども、やはり「事物の本性」とは何ら共通するところのない表現手段であるはずだからである。修辞学の基本的要素としての隠喩批判において、このような不整合が指摘されることはけっして偶然ではない。隠喩と情念との親和性に立ってなされる隠喩批判は、根本的には、絶対主義国家の理念と、「生まれつき不安定な人間の必然的な特性」とみなされる隠喩との矛盾にもとづいているということが、ここから明らかになる。こうして隠喩は、原理的に常に可能であるがゆえに要請されている概念がいまだ形成されていない場面において、その概念の代理を務めるだけでなく、それ自身が自由な活動空間を拡張すると同時にその空間を占有するような生産的要素なのである。隠喩とはすなわち、比喩を通じて一貫した表現を生み出すような想像力の働きである。アールリヒ・マイアー（Ahlrich Meyer, 1941-）が簡潔に示したように[*25]、自己保存の原理から合理的に演繹された絶対主義国家は、有機体の隠喩法か、機械論の隠喩法のいずれかに帰着する。このような主導的な隠喩使用は、核となった隠喩的意味をできるだけ拡張し、それが再び元の語へと作用することによって独自の説得力を獲得する。例えば、有機体モデルによる歴史哲学が、有機体的タイプの国家モデルを強化する。ホッブズ自身は、「国家人格」(Staatsperson) に対する自らの有機体的隠喩と、その起源の人為性とのあいだの矛盾を見逃している。しかしこの事実はなかなかに示唆的である。なぜなら、隠喩を拒絶してしまうと、その事実上の背景となる機能を察知するのが困難になるからである。そもそも隠喩を禁ずることでさえ、他の者たちが隠喩をそのようなものとして認知する隠喩的過程である。ホッブズの例が示しているように、近代における反修辞学は、現実主義《リアリズム》の揺るぎなさを主張するための最も重要な修辞学的表現となった。そしてこの盤石のリアリズムこそが、人間にとって深刻な事態——ホッブズにおいては「自然状態」がそれに当たるが——に、対処できるものとされるのである。

修辞学は、現実の困難に対する対処法の集大成である以上、そしてわれわれの伝統においては現実がまずは「自然」として捉えられてきた以上、修辞学は、〈自然から区別された〉一種の「技《アルス》」(Kunst) である。高度に人工的な環境世界においては、修辞学が至る所に蔓延しているため、修辞学はかえって目につかなくなる。「言葉ではなく、事柄を!」(res, non verba!) という反修辞学の古典的言明は、それ自体もはや自然さの欠片ももっておらず、すでに修辞学の色合いに染まっていることを暗示している。こうした事情ゆえに、他方では、修辞学的な表現手段を用いることを過度に推奨したり、前面に押し出したりすることは、いささか(あるいは、かなり)滑稽なものとなっている。こうした状況は、リアリズムの昂進とみなされる。現代における修辞学と現実をめぐる困難は、多くの場合、この現実自体が、人為的な過程の産物だという理由で、魅力を喪失した点にもとづいている。こうして、自らを戒め、他の何者にも依存しないことを宣言する特殊な意味での修辞学的な状況が生じる。つまり「物へ」(ad res)、あるいは「事象そのものへ、そしてもろもろの事象へ」(zur Sache und zu den Sachen) というわけである。この主張は、思考や行動にあたっては、あらためて自分自身で考え直し、自力で取り組むことが必要であることを示しているが、こうした前提を他の人びとに対して提案するなら、それもまた一種の修辞学である。現実が、「現実主義的に《リアリズム》」理解され、「現実主義的に」扱われるべきだとするなら、現実はこの宣言に先立って、すでにそう理解され、扱われていたのだとも言える。「現実への回帰」(retour au réel) といった態度は、この文言が約束している現実に関わるというよりは、むしろそれが排除しようとしている幻想やら欺瞞やら誘惑やらの説明に関わるものである。リアリズムの修辞学においては、従来リアリズムを妨げてきたもろもろの策略が必要とされる。プラトンの「洞窟の比喩」[*26]は、そのような絡繰りを明らかにするモデルを提供してくれる。洞窟の比喩において、〔洞窟内に繋がれた〕囚人は、縛めから解放される以前は、洞窟の壁に映る影の戯れを見るばかりで、現実を経験することがない。その点で、洞窟の比喩は、修辞学を攻撃するものである。「幻影作り」としてのソフィストこそ、幻影の世界の策謀者にほかならない。とはいいながら、洞窟の比喩自体もまたひとつの修辞学に拠って立っていることに変わりはない。なぜなら洞窟の比喩は、「光の下に出る」(ans Licht kommen 明らかになる）という基本的な隠喩に立脚しており、その隠喩が絶対的現実にまで拡張されているが、このような明証性の期待は、現実にはけっして満たされることはないからである。影から現実への方向転換という着想を、哲学は、修辞学あるいは美学から奪い取ってきた。ジャン・パウル（Jean Paul, 1763–1825）は『見えないロッジ』において、二つの文章によって、この点を皮肉っぽく語っている。「われわれは皆ゆらめく影だ。しかし、他の影を引きちぎるのも、また影なのではなかろうか*[27]」。

カントは『判断力批判』において、修辞学は「人間の弱点を意図的に用いる技術」であるとして、それを「人間の尊厳にふさわしくないもの」とみなしている*[28]。このような「人心をたぶらかす技術」は、「重要な事柄に関して、人間をいわば機械的に動かして、ある判断に傾くように仕向ける」ことだとされる。人間があくまでも修辞学的行為に依存しているというのは、疑いもなく、人間がそれだけ修辞学に弱いということを示している。人間は、機械になってしまう危険と傾向を十分にもっている。このような「人間の弱さ」を利用する意図は、修辞学の理論によって明らかにされると同時に、促進されてきた。修辞学を人間学的に位置づけようとする場合に問題となるのは、これらの弱点なのであって、その意図ではない。この際に、修辞学に対する人間学的アプローチは、ある中心的な記述的言明――すなわち、人間は、自分自身と直接的で、「内面的な」関係を結ぶことはけっしてないという言明――に収斂する。人間の自己関係は、「自己外化」という構造をもつ。カントは、外的経験に対する内的経験の優位というものを否定した最初の思想家である。われわれはわれわれ自身にとって現象なのであり、第一次的な多様性を二次的に総合したものなのであって、けっしてその逆ではない。同一性を実体的に捉える思考はこうして解体される。同一性は実現されねばならないものであり、一種の遂行へと転換される。実体の同一的理解は、同一性の病理学とも言うべきものである。人間学は「人間本性」(menschliche Natur) を主題とするものだが、その「人間本性」は「自然」(Natur 本性) であった試しはなく、これからもそうだろう。人間本性が、隠喩的装いのもとで――動物や機械として、または沈殿層や意識の流れとして、さらには神との差異や競合において――表現される以上、人間本性が最終的に一切の宗派や道徳論から抜け去って、ありのままに現れるなど、およそ期待できるはずもない。人間はただ、自らが何でないかというところから否定的に自己把握を行うほかはない。人間はその状況が隠喩的なのではなく、すでにその構造そのものが潜在的に隠喩的なのである。われわれが選びうる最悪の場所はわれわれ自身の内面である(「われわれが取ることのできる最悪の場所、それはわれわれである」)[*29]――モンテーニュは、自己経験を通じて展開した自らの人間学の結論としてこのように述べている。モンテーニュはここでコペルニクス的転回を示唆している。それは、人間の世界内性の心的外傷《トラウマ》として、自己の内面への懐疑を強化するものである。自己に対する説得は、外的関係という仕方で、すべての修辞学の根底となっている。自己に対する説得は、すでに問題にしたような、きわめて普遍的で、実践的に有効な命題に関わるだけでなく、自己の外面を経由した自己理解に関わるものである。それゆえ、人間の自己理解にまつわる場面でこそ、おそらくは、最大の緊張をはらんだ最も大胆な隠喩が展開されてきた。人間が、神を自身から切り離し、「まったき他なるもの」として考えようとしたことで、[*30] 人間は最も困難な修辞学的活動――つまり自らをこの神になぞらえようとする活動――を始めざるをえなかったのである。

＊1 Friedrich Nietzsche, *Gesammelte Werke*, Musarion-Ausgabe, hg. Richard Oehler, Max Oehler, Friedrich Christian Würzbach, Bd. 6, München 1921, S. 105〔Fr. Nietzsche, *Nachgelassene Fragmente*, Sommer 1875, 6 [17], Studienausgabe Bd. 8, Berlin/New York 1988, S. 104（『ニーチェ全集』第一期第五巻、白水社、一九八〇年、二四五頁）.「雄弁家〔修辞家〕は、ギリシア人がその後期に発明したものだ。彼らは「形式そのもの」を発明した（またそのための哲学者をも）。修辞学に対するプラトンの闘いはどのように理解すべきなのだろうか。彼は修辞学のもつ影響力を嫉んでいるのだ」〕.

＊2 〔訳註〕ルネサンスにおける反スコラ学の運動においては、中世スコラ学のラテン語文体が粗野なものとして揶揄された。例えば、ペトラルカ（Francesco Petrarca, 1304–74）やエラスムス（Desiderius Erasmus, 1466–1536）を参照。

＊3 Aristoteles, *Metaphysica*, 1172b36f.〔アリストテレス『形而上学』出隆訳、『アリストテレス全集』第一二巻、岩波書店、一九六八年〕

＊4 〔訳註〕モンテーニュが『エセー』において、レイモン・スボン（ラモン・シビウダ Ramoón Sibiuda; Raimundus Sabundus, †1436）に託して、近代の懐疑主義を表明した文書（第二巻第一二章）。『エセー』の中でも最大の章。M. de Montaigne, *Essais*, II, 12, *Œuvres complètes*, Paris 1962, pp. 415–589〔モンテーニュ『随想録』（下）松浪信三郎訳、河出書房、一九六七年、七―一六四頁〕.

*5 〔訳註〕カントは晩年の一七九八年に、一般聴講者のために三〇年以上続けてきた講義「人間学」を、『実用的見地における人間学』（*Anthropologie in pragmatischer Hinsicht*）として公刊している（『カント全集』第一五巻、岩波書店、二〇〇三年）。

*6 〔訳註〕『方法叙説』第三部において、デカルトは、方法的懐疑によって学の絶対確実な地盤を見出し、「確定的道徳」が確立するまでのあいだ、暫定的に身を処する術を「暫定的道徳」として説いている。Cf. R. Descartes, *Discours de la méthode*, III, *Œuvres de Descartes*, t. VI, Paris 1996, pp. 22–31〔デカルト『方法叙説』三宅徳嘉・小池健男訳、『デカルト著作集』第一巻、白水社、一九九三年〕.

*7 〔訳註〕デカルトによる「暫定的道徳」の第二の格率を参照〔デカルト『方法叙説』、三二頁〕。

*8 〔訳註〕例えば、イソクラテスの代表作『民族的祭典演説』（パネギュリコス）を参照。

*9 〔訳註〕J. Burckhardt, *Griechische Culturgeschichte*, Bd. 1, S. 181〔ブルクハルト『ギリシア文化史』新井靖一訳、ちくま学芸文庫、第一巻、一九九八年、四八九頁〕.

*10 〔訳 註〕E. Cassirer, *Philosophie der symbolischen Form*, 3. Teil: *Phänomenologie der Erkenntnis*, Gesammelte Werke, Bd. 13, Hamburg 2002〔カッシーラー『象徴形式の哲学』（三）「認識の形而上学」「序論」参照。邦訳『シンボル形式の哲学』木田元・村岡晋一訳、岩波書店、一九九四年〕.

*11 〔訳註〕二十世紀の「哲学人間学」を代表する著作。A. Gehlen, *Der Mensch. Seine Natur und seine Stellung in der Welt*, 1940〔ゲーレン『人間――その性質と世界の中の位置』池井望訳、世界思想社、二〇〇八年〕.

＊12 〔訳註〕アーネスト・ジョーンズ『フロイトの生涯』(Ernest Jones, *The Life and Work of Sigmund Freud*, edited and abridged by L. Trilling, S. Marcus, New York 1961〔竹友安彦・藤井治彦訳、紀伊國屋書店、一九六九年〕)に以下の記述がある。「ユングはブルクヘルツリ(フォレル、ブロイラーなど)の狂信的な禁酒の伝統の中で育てられていた。フロイトはせいぜいそれをあざ笑ってユングに伝統を破らせた。彼はユングの酒に対するそれまでの態度を変えさせるのに成功した——だがそのあとで気絶して床に倒れたのであった」(邦訳三二三頁)。

＊13 〔訳註〕E. Goffman, *Stigma: Notes on the Management of Spoiled Identity*, 1963〔ゴフマン『スティグマの社会学——烙印を押されたアイデンティティ』石黒毅訳、せりか書房、改訂版、二〇〇一年〕.

＊14 Fr. Nietzsche, Cicerofragment, in: *Gesammlete Werke*, Bd. 7, 1923, S. 385〔*Nachgelassene Fragmente*, Anfang 1874–Frühjahr 1874, 32 [14], Studienausgabe, Bd. 7, S. 757(『ニーチェ全集』第一期第四巻、白水社、一九八一年、四五一頁)〕.

＊15 〔訳註〕植民地の統治を表す用語。軍事的・政治的な支配(「国旗」)が先行し、そのあとに経済的統治(「貿易」)が続くことを表現する。

＊16 〔訳註〕ブルーメンベルクの思想史の中核をなす概念。ある思想的枠組みとその内部での役割を残しながら、その役割を充塡する担い手が交替することを指す。Cf. H. Blumenberg, *Die Legitimität der Neuzeit*, Frankfurt a. M. 1966, 4. Teil〔『近代の正統性 III』村井則夫訳、法政大学出版局、二〇〇二年〕.

＊17 〔訳註〕カント『純粋理性批判』の範疇表は、量・質・関係・様相によって構成されている。そこでの「様相の範疇」を参照。Cf. I. Kant, *Kritik der reinen Vernunft*, B106〔カント『純粋理性批判』(上)有福孝岳訳、『カント全集』第四巻、岩波書店、二〇〇一年、一五六頁〕.

*18 〔訳註〕B. Pascal, *Pensées*, Infini-rien: le pari, 451 [233], Paris 1954, pp. 1212–1216〔パスカル『パンセ』前田陽一・由木康訳、中央公論社、一九七三年〕.

*19 この点については以下を参照。H. Blumenberg, *Paradigmen zu einer Metaphorologie*, Bonn 1960, S. 88–105.

*20 〔訳註〕『ダニエル書』に由来する権力の連続的移行の思想。特にカロリング期のオットー大帝の戴冠に際して、ローマ帝国の帝権が継承されたとみなされることでヨーロッパの正統性が保障された。

*21 Karl Marx/ Friedrich Engels, *Werke*, Bd. 8, Berlin 1960, S. 115.

*22 〔訳註〕G. W. F. Hegel, *Vorlesungen über die Philosophie der Geschichte*, hg. E. Moldenhauer, K. M. Michel, Frankfurt a. M. 1970, Bd. 12, S. 49〔ヘーゲル『歴史哲学講義』長谷川宏訳、岩波書店、一九九四年〕.

*23 Thomas Hobbes, *De Cive*, X, 11〔ホッブズ『市民論』本田裕志訳、京都大学学術出版会、二〇〇八年〕.

*24 *Ibid.*, X, 12.

*25 Ahlrich Meyer, „Mechanische und organische Metaphysik politischer Philosophie“, in: *Archiv für Begriffsgeschichte* 13 (1969), S. 128–199.

*26 〔訳註〕Platon, *Politeia*, VII〔プラトン『国家』藤沢令夫訳、『プラトン全集』第一一巻、岩波書店、一九七六年〕.

*27 〔訳註〕Jean Paul, *Die unsichtbare Loge*, Zweiter Teil: Vierunddreißigster oder I. Advent-Sektor, Werke in 12 Bde., Bd. 1, 1975, S. 308〔ジャン・パウル『見えないロッジ』鈴木武樹訳、第二部、創土社、一九七五—七六年〕.

*28 I. Kant, *Kritik der Urteilskraft*, 53〔カント『判断力批判』第五三章(『判断力批判』(上)牧野英二訳、邦訳『カント全集』第八巻、岩波書店、一九九九年、二二五頁)〕.

*29 M. Montaigne, *Essais*, II, 12.

*30〔訳註〕グノーシス主義において主張される「絶対的に異他的なものとしての神」が念頭に置かれている。ブルーメンベルク『近代の正統性』は、近代の成立をこのグノーシス主義の克服の過程として叙述している。

言語状況と内在的詩学

文学的迷信——文学が言語を条件としていることを均しく忘却している
あらゆる信条を私はそのように呼ぶ。[*1]
ポール・ヴァレリー

「精神はいつでも言葉よりも豊かである」（マッテシラーノ）。法の拡大解釈のためのこの原則は、すべての解釈学の可能条件とみなすことができる。思考には言語よりも豊かな可能性があるとするこの原則のお蔭で、法解釈者は、「理性が同じところでは、法も同じである」といった同一化の前提をさらに拡大し、類推解釈の非難[*2]を免れることができる。広義の解釈学においてこの原則は、歴史的表現形態は変わらなくとも歴史の過程そのものはいつでも生き生きと変化するものだという信念を、証明こそしないにせよ補強している。「言語の貧弱さ」という本質的な経験から、初めて解釈が始まるのである。キケロ（Marcus Tullius Cicero, BC 106–43）は、哲学を展開するうえで、自らの言語〔ラテン語〕はギリシア語よりも不十分であると感じ、「言葉の貧しさ」（egestas verborum）を痛感し、そこから、考えていることをどの言語でも同じように表現できるとは限らないとの一般論を提起した。しかしこのことは、言語の制約と思考そのものを対比するなら、どの場合にも常に当てはまることではないだろうか。いつの時代も神秘家は、自らが啓示と信じた事柄を表す手立てとしては、言語はあまりに貧弱だという絶望的な思いに苛《さいな》まれていた。また歴史経験が成熟する過程でも、言語の貧弱さが自覚された。〔歴史経験において〕明白で不可欠の「全体印象」を記述するにも言語は不十分であり、せいぜいのところその「接線」[*3]を示すにすぎないと理解されている（ユストゥス・メーザー［Justus Möser, 1720–94］）。修辞学や詩学においても、言語が感情を言い尽くせないというのは、古くから定番の定型主題《トポス》であり、心からの確信からかどうかはともかく、何かにつけて口癖のように語られてきた。解釈学はこのような根本経験から出発し、その過程で気づいた落差《ギャップ》を克服しようとするものである。解釈学は、「著者の身になって感じる」ように努め、言語的に把握可能な思考が、総じて言語的表現には収まりきらず部分的にしか言葉にならない他の思考・前提・帰結とどのような関係をもつか、その関係のネットワークを見極めようとする。

　思考と言語との不一致を想定する「言語」理解、しかも思考のほうが言説よりも力があるとする理解に立つなら、その対極にあるのが「厳密言語」の理念である。「厳密言語」の理念は、遅くともデカルト（René Descartes, 1596–1650）の時代、彼が規範として設定した「明晰・判明」を基準に構築され、完全な対象化というその目的は、〔二十世紀の〕現象学において、あらためて、そして決定的に復興されることになった。言語をそこまで信頼する現象学の見解によれば、「言語と思考の一致の普遍性」[*4]は守り通せるのであり、「明晰に把握された所与を忠実に映す表現」は、かならずしも人工言語や形式言語である必要はない。日常言語から現象学的言語へ何らかの移行が可能なのである。「その際には日常言語に根差す言葉が用いられるため、意味が固定せず多義的で曖昧になるかもしれない」が、「明確な唯一の意味を付与する」ことは可能だとされる。[*5]

以上に概観した二つの「言語」観のほかに、もうひとつ加えることができるだろう。三つめは、冒頭に引用した法学的解釈学の原則を正反対にしたような見解であり、言語は思考よりも力があるとする見方である。現代の言語哲学では、言葉は思考の要求に満足に応えられないという不満は後退し、逆に、思考は言語が先行的に理解したことを後追いすることしかできないが、それは、底知れぬ意味の深みを探究し尽くせないためであるといった見解が流布している。[*6]言語は、それ以上遡ることのできない基底的現象であり、その文法は、現実と関わるあらゆる過程で有無を言わさずわれわれを誘導する唯一の規則のようである。その一方でわれわれは言語を、不完全ながらも徐々に現実に接近する可塑的なメディアとして意のままに使用できるといった幻影を抱いている。ベンジャミン・リー・ウォーフ（Benjamin Lee Whorf, 1897–1941）は、「言語相対主義の原則」を提唱し、言語の根本的機能は、現実の特定の概念体系を構成しうるところにあると考えている。現実のひとつの概念システムは、他の概念システムと同等の権利をもつのであり、たとえ両者の機能がいつでも比較可能とは限らないにしても、両者は同列に並びうるものとみなされる。こうして、「語ること」は「考えること」よりも上位にある重要な言葉だという結論が導かれる。[*7] 言語こそがこのように、思考可能なものと思考不可能なものの領域をあらかじめ規定しているとしたら、哲学にとっての批判的課題は、現実的で検証可能で、正当化されるべき思考よりも言語のほうが優位に立つことを方法的に発見し、またその優位を解体すること、つまり現代哲学の動向を定めている言語分析と言語批判を遂行することに求められる。

言語と思考の関係についてのこうした三つの基本的立場は、詩的言語の機能を確定する際に、方向性の相違を明らかにするうえで役立つだろう。内在的詩学は、当然のことながら、ある作品の言語をその機能に即して探求することを目標とする。そのため作品の内在的詩学的な解明は、当の作品の言語に関して「適切な」問いを立てられるかどうかに懸かっている。もちろん、著者についての外在的詩学に属するもの、つまり著者自身の証言や自己観察なども——本当に著者の証言や自己観察であって、標準的な芸術理論の「受け売り」でないなら——何らかの示唆を与えることはできる。方法に関わるこうした予備的問題は、素通りせずに、じっくり考えてみる必要がある。詩的作品の製作過程において、著者があるテクストを「自作回顧〔自己観察〕」と分類するなら、それはすでに特定の美学的立場の表明である。このとき、創作の経験こそが作品の成立過程を解明する重要な鍵となることが承認されているのであって、これらの過程が、経験によってはどうしても理解しえない仕方で進行しているといった可能性は排除されている。雷に打たれた者は——それが「霊感《インスピレイション》」という雷であっても——自分の経験を記述することはできないし、もし記述してしまったら、それはもはや霊感とは言えないと固く信じている。したがって、自作への回顧を表明する態度は、そもそも制作の立場と観察の立場が同時に成り立ちうることを前提しているわけだが、こうした姿勢は、美神《ミューズ》なり麻薬なり、霊感のような要素を想定する見方とは相容れない美的物象化である。著者自身が「自作回顧」として分類しようとしていた作品が存在するという事実は、当の作品が信用できて正確であるかどうかを問わず、著者の著作全体に関わる内在的詩学上の事実である。だからといってもちろん、自作を振り返り、〔自身の創作についての〕経験が可能だと信じている著者に関しても、やはり外在的詩学が適用されることが否定されるわけではない。また、詩的作品や詩的テクストに、規範的要素と実際の要素との不調和を探すことが無意味になるわけでもない。原稿や印刷過程が説明の助けになるかどうかは一旦度外視しても、テクスト校訂の問題は、内在的詩学への手引きとなる。そして内在的詩学は、著者が外在的詩学の見地から、霊感か自助努力かのどちらかを選ぶような立場（つまり形而上学的詩学とでも呼べるような立場）とは往々にして明確に区別されうるものである。

第一次的で、ある程度明確に実現される（自作回顧を含む）観察に対しては、「言語はそれ自身いかに語るか」と問いかけることができる。ここには、連想の強力な働きや、構成上の条件によって規定された言語形態のさまざまな区別が含まれる。とはいえ、例えば連想にしても、詩的な言語形成を推進する契機かもしれないが、その働き方はけっしていつも同じではない。

その働きは、背景にとどまったまま、隠れたイメージの中核から言語の形成過程を操ることもあれば、前面に現れて、韻律の主導動機となって、響きの点で言葉から言葉への移行をきわめて明確に導くこともある。この区別はけっしてないがしろにできない。なぜならこの点にこそ、言語にどういった性格が帰せられるかが懸かっているからである。すなわち、われわれは言語を主導的な構成的根拠とみなしてそれに依存するのか、それとも言語を、管理すべき素材や克服すべき障害と捉えて、それを加工しようとするのかが、ここに示される。ところで、言語への依存には、きわめて多様な段階や理由がある。言語への依存とは、かならずしも言霊《ことだま》的なものの支配を前提するわけでもないし、言語の内には現れない「存在」の語りかけに傾聴しなければならないというわけでもない。[*8] 言語がそれ自体として存在するということが肝心なのである。これはちょうど、思考よりも言語を優位とみなす現代の言語批判のあり方とその前提を、積極的に逆転したようなものである。両者のあいだの違いは、現代の言語批判が、いわば「傾聴」を禁じ、言語の呪縛力を魔術の一種として追放する点、つまりそれが「啓蒙」を試みる点にある。これとは違って、自存的な言語への依存は、自己産出である言語形成において、純粋に音楽的な要素に多くを負っている。こうして自ら自在に語る言語は、その思考や想像の内容に関する問いを容易に擦り抜けてしまうため、たまたま表明される著者の「権威ある」解釈といえども、他の解釈とその重みは大差ない。これには運の良い場合もある。パウル・クレー(Paul Klee, 1879–1940)の絵画タイトルは、図像の構成や図像が呼び起こす連想によってあとから付されたにしても、豊かな示唆を与えてくれることが多い。とはいえそこにはいつでも、それが権威ある解釈として利用される危険がつきまとう。言語の領域に関することまでの概説は、芸術作品の内在的な問題点と言語の領域とのあいだに、構造的な類似が存在することを示すためであった。

まず前段階としてテクストに潜在する言語概念を問題にする場合、もちろん、型どおりの分類に陥るようなことがあってはならない。言語表現の過程には、思考と言語の合致を把握するための枠組みに収まりきらない内在的傾向がある。こうした傾向を、「一義性」と「多義性」の二つの側面に照らして叙述してみたい。そのためには、かならずしも明確な分析手法を問題にする必要はない。科学の言語は、仮定のうえではさまざまな推測を行うにしても、概念の一義的な表示を目的としている。一義性に対するこのような要求は、あるテクストについて一義性を証明できるかどうかとは無関係に理解される。そこではまた、科学的言語が日常言語にもとづいて作られたのか、それとも新造語が発明され、規約として導入されたのかなども、本質的なことではない。科学特有の知識の伝達法――対話のような反問や意味了解の意欲が働く余地がない伝達法――では、一義性の原則があらかじめ提示される。日常的な対話は、一義性を求める伝達をあきらめ、曖昧な発話同士の相互作用によって意味を了解しようとする。科学言語における一義性の要求は、日常的な対話の包括性や普遍性にとっては邪魔になる。そもそも科学言語は、排他的で限られた領域内での特殊で多様な専門言語の成果として、個々別々にのみ存在する。日常言語への言い換えを主張し実践することは、社会的に「学問的な背信行為」とみなされるため、科学言語はますますそれ自身の内に閉じ籠る傾向がある。現代の言語をめぐる状況は、一般的に、領域を限定したうえで、伝達機能だけに集中する代わりに、一義性を獲得しようとする特徴をもつ。しかしながら少なくとも学問の場合は、既存の専門言語を論理的に理念化することで、ただひとつの合理的な共通言語を実現しさえすれば、一義性の要求を満たすことができるという信念は、幻想であることが分かるだろう。

この考察では、哲学的言語は特殊な位置を占めている。哲学的言語は、「制御された多義性」を目指す傾向をもつと言えるだろう。ここでは詳しく立ち入ることはできないが、この傾向は、超越論的概念を表現するうえで日常言語を用いる点に根差している。なぜなら、後期ウィトゲンシュタイン（Ludwig Wittgenstein, 1889–1951）以降、哲学固有の言語という幻想が崩れ去ったように、特別な超越論的な言語など存在するはずがないからである。すでにこの現象は、否定神学と神秘思想において潜在的には見出されていた。クザーヌス（Nicolaus Cusanus, 1401–64）が、言語表現を目指す努力の重要性と同時にその無効性を示したことで、興味深い変化が生まれた。この点が初めて明瞭に現れたのは、ライプニッツ（Gottfried Wilhelm Leibniz, 1646–1716）の手による『人間知性新論』においてである。同書では、ロック（John Locke, 1632–1704）と共通の語り方を優先したため、モナドを直接には論じていないが、そのせいでかえってモナドの論点が明らかになるという二義性をもつ。中世末期には「唯名論」と「神秘主義」

という中世思想の二大潮流が出現したが、現代になって――〈言語をめぐる〉反省の段階はより深まっているとはいえ――この逆説的とも思える状況が再び現れた。この二つの潮流にはある共通点がある。それは、まずは言語化可能な領域の制約に従おうとしながら、そうした厳密な言語化の狭小ぶりに失望し、一種の知的覚醒を経て、言語化不可能の逆説へと移行するという共通点である。しかし、言語化可能性を目指して言語を理念化・プログラム化する方向と、言語化不可能性によって言語構造を破砕させていく方向の中間地帯にこそ、非常に不安定ながら、対話の共同体を確認し合い、そのつど調整していくような、本来の言語領域が拡がっているのである。

この場合、詩的言語はどのように位置づけられるのだろうか。詩的言語は、元々は古代における「根源語」(Ursprache) ――「詩的表現法と空想的語法」(ヴィーコ [Giambattista Vico, 1668-1744]) によって表現された根源語――であると考えるなら、詩文とは、その根源語が徐々に世俗化されて散文へと堕落する途上でたまたま保持され、意図的に救い出された根源語の名残りということになるだろう。詩文は、言語の中に散らばっているひときわ美しいものを拾い集めた精華《セレクション》ないし集合体と考えても大過なかろう。言語が一義性と多義性の両極のあいだで繰り広げられるという状況を思い起こすなら、言語の詩的用法の可能性についても異なった見方ができる。言語は多義的な力をもっており、情報伝達だけに貢献する一義的な領域に繋ぎ止めておくことはむずかしい。対話の場合でも、「含みのある」慣用表現を用いることで――ときに誤解も生じるにせよ――阿吽の呼吸で伝わることがあるように、その曖昧さによって言語の機能が実現されている。そうだとするなら、詩的言語とはまさに、多義的な意味を展開しようとする言語固有の傾向を存分に解放するものだと言えるだろう。しかし、言語の多義性を発揮させることは、神秘的な根源語の名残りを救い出すことではない。ましてや、日常言語の豊かさと信じられているものを救い出すことでもない。なぜなら、日常言語の豊かさとは、生産的な多義性というよりは単なる曖昧さであり、言語の働きのためにやむをえず認められているものだからである。言語の多義性の問題をめぐっては、さまざまな誤解が生じうる。ヴァレリー(Paul Valéry, 1871–1945)は、一九二八年の論考において、「純粋詩」の名称のもとに、詩的言語の実体論的解釈を提示している。[*9] そこでヴァレリーは詩の純粋性を、あらゆる他の言語作品にも紛れ込んでいる隠れた特殊な詩的要素を抽出した精華《セレクション》と理解している。こうした「高貴で躍動的な実質」は、濃縮・成熟・洗練することができる。この場合、詩の純粋性という言語的状態にとっては、元来支配的な媒体《メディア》である日常言語は、明らかに純粋さを損ねる阻害要因でしかない。純粋性は到達しがたい目標であるのは間違いないし、創作技法を工夫して辛うじて接近しうるにすぎない。純粋詩なるものは、たとえ経験にもとづいていても、所詮は言語の考察から生じた虚構にすぎないと認めるとしよう。それでも、言語の純粋性に関する基本的なイメージは何ら変わらない。およそ詩の名に値するものであれば、その基本的イメージは、「純粋詩の断片から実践的に構成されたもの」と表せる。そうだとしたら、言語の内で詩的要素が現れる確率はかなり低い。というのも、言語は「一般的で実用的な要素」であり、日常的で個別の要求に用いる粗末な道具だからである。したがって言語を詩的にするには、言語の中の稀少な素材を濃縮しなければならない。「ところで、詩人にとっての課題とは、この実用的な道具から、本質的に非実用的な作品を実現する手立てを引き出すところにあるはずだ」[10]。詩的な言語と非詩的な言語を類別し、詩的創作を、言語の中にある稀少な実体の抽出とみなすこの考えには、ここでは従わないことにする。その代わりに、詩的生成を言語自身の傾向とみなすことによって、詩的要素を、内在的な特質や抽出可能な特徴としてではなく、ある言語的余剰として理解したい。つまり詩的要素を、詩的イメージが連動的に働くことで初めて可能になり実現される言語の剰余分と考えるのである。詩的生成の過程で重要なのは、詩に特化した言語学的臆見の助けを借りて、(たとえ根源的なものであれ)既存の意義を発見することではなく、新たな解釈の可能性を構想することなのである。現代の詩的テクストの世界において、特定の分野の専門用語を表現手段として導入したり、歴史的・文献学的に固定し硬直化した素材が新たにその可能性を開花させたりしている事実を見れば、このことは明らかだろう。ごくありふれた日常表現を崇高な形而上学的語彙と並べると、どちらが真の意味で詩的な力をもっているのかは判然としない(例えば「永劫《アイオーン》の大いなる疾駆」[11]のような句の場合)。そもそも、詩的効力をもつ単語を特定しようとする問いは、詩的言語の実体論的理論の枠内でしか意味をもたないだろう。

　多義的な意味を志向する言語の特質は、まずは惰性的な習慣を揺さぶること、単なる実用的手段に独自の価値を与えること、そして、それ自身としては注目されない「生活世界」の圏内から自明なものを際立たせること、そうしたことで美的効果を発揮する。しかしそれは、言語の堕落の歴史的過程で以前に失われたが、それでも神話的な原初経験の余燼として深層のどこかに潜んで復活の機を窺っているものを「再獲得」することではない。詩的生成とは、あくまでも新鮮で、そのつどが初回なのだ。したがって、言語に即して実現される詩的生成の過程は、理論的対象化の過程と比較することができる。なぜなら理論的対象化においても、自明なものが疑問視され、何ものかが「生活世界」の圏内から際立たせられるからである。理論的態度と美的態度のこうした共通性を、より包括的な意識論の内に組み込むことができるか否かは、ここでの主題ではない。ただし、言語の美的機能それ自体は、意識の日常的なあり方や可能性とは別の新たな段階を表していることだけは確かである。

　こうした一般言語の「異化」（自明性の剝奪）は、あらゆる詩において実践され、現代詩ではいわば一種の常套手段《プログラム》となり、魔術のように金科玉条とされるが、これだけでは言語の美的機能を十分言い尽くしたことにはならない。多義性への傾向に流されて、「限界事例」のようなところに達すると、今度は、意味を表現する言語の実用的機能がいわば断念されかねない。もちろん、この限界事例そのものに、言語を美的にする中心的な役割があると主張するつもりはない。しかしながら、この限界事例によって日常言語に脅威が迫ることが、詩的言語の美的喚起力を本質的に増大させるのは確かである。こうした脅威にさらされると、意味空間に没入し、多義的な文脈との調和を念頭において解釈するといった配慮は意味をなさなくなる。詩的言語は、ちょうど神秘思想が「粉砕の隠喩」[*12]を使うやり方を、同じように辿っているのだ。情報・伝達・指示といった圏域が打ち破られ、言語に期待される最も重要な働きは、もはや表示や意味作用ではなくなる。こうした事態を類型化と分類という視点で見てしまうと、脅威そのものを規範に祀り上げ、純粋な「無意味《ノンセンス》」、あるいは「ダダ」を、言語の詩的運動の目標地点とみなさざるをえなくなるだろう。どの分野でもそうだが、不可能なもの、自らを止揚するものへの転換点に接近するときにこそ、美を喚起する力が生まれる。ここで言う「接近」とは、極限への同一化を意味しているわけではない。言い方を換えれば、美の享受に関しても、解釈学的な信頼、ないし解釈学的な信憑性が要件となっていることに変わりはない。美を実現するには、意味論的文脈を手引きとしながらも、違和感を与え、意味の分裂が起こる特定の地点にまで読者を導かなくてはならない。とはいえ美的感覚は、いかなるタイプの神秘思想とも違って、超越を目指して自らを破壊したり、自らを無と一体化させたりするものではない。美的感覚はそれとは逆に、言葉の指示機能から離れ、現前する言語的形象そのものの事物性へ視線を向け換えようとする。ただしこの「事物性」が、言葉の単に音声的な質料性ではないことにあらかじめ注意を促しておきたい。

詩的生成において、言語は想定される原始状態に戻ったり、その隠秘的《オカルト》で稀少な要素を蒸留・純化したりするわけではなく、つねに批判的機能を有する位置に据えられる。しかし、こうした批判の可能性を自覚的に把握し先鋭化するのは、言語が危機的状況に陥った近代になってからの傾向である。危機とは、大仰で手垢のついた「歴史性」の概念に見られる慢性的問題が、急性症状として一時的に現れたようなものである。歴史が切迫した経験となるのは、近代の現象である。歴史という経験は、言語が間接的に――つまり言語に対して設定される意味論的要求を超えて――偶然的事実として経験される事態と結び付いている。初期近代において初めて、情報は言葉から独立した中立的なものであることが自明視された。十七世紀になると、自然科学は形象的な言葉を離れて数や公式へ引き籠り、音楽は肉声を離れて純粋に器楽的な表現へ後退した。この二つの形式的・準言語的な領域が自立することで、言語の可能性に関する理解も大きく変わり、その結果（美的現象に限らず、また美的現象を典型とするのでもないが）言語の「純粋性」の要請という理想的イメージにも本質的な変更が生じた。十九世紀中葉以降、音楽の絶対性というイメージは、理念としても魅惑としても、たえず詩と詩人の自己規定の努力を導いた。[*13] もはや媒体とはみなされない音楽は、そこから注意をほかに向けるべきものではなくなり、それ自体が多大な要求を課すものとなった。つまり、他のものへの関心を促す「主題化的指標」ではなく、「主題的目的」[*14]（フッサール）とみなされるのである。音楽のこうした理念性はそれゆえ誤解の元ともなる。もともとこのイメージは〔音楽と言語との〕類比《アナロジー》から生まれたことが簡単に忘れ去られ、詩的語彙を純然たる音響へと転じる規範を意味していたかのように錯覚されがちだからである。とはいえ、詩的な語彙といっても、それはあくまでも単語であり、単純に音響と融合することはないし、意味論的機能が失われる限界――多義性と、解釈不可能な無意味の境界――を踏み越えることもない。純粋な闇は、「暗黒詩」すら、詩として成立不可能にしてしまう。

詩作と音楽の関係を課題に設定する限り、詩的生成の過程における最大の脅威を十分に確認することはできない。言語が音楽に接近すると、言語外部の事柄を表す機能が停止し、言語自身を表すほかはなくなってしまう。しかしこのような実体化は、言語がごくありふれた擬音語に転じ、言語で作られた音声標本や形象標本となることである。したがってその場合、実体化された言語は、単に表面的な現象となり、「濃縮される」というよりは、自己の内に封じ込められる。再びヴァレリーを引くなら、詩人は一種の「言語的唯物論」の立場をとる。詩人は哲学者や小説家を見下すものである。なぜなら哲学者や小説家は、言語の中身に実際に意義があるときにしか言語に服従しないが、詩人にとっては、「言説の現実とは、ただ言葉だけであり、形式であること」[*15]が重要だからである。しかし、それならば言語と現実との関係にはなぜこうも阻害要因が多いのだろうか。また、詩において言語そのものが獲得する新たな「現実」とは、何を本質とするのだろうか。言語の指示作用が、言語固有のただの質料性に解体されると想定するだけでは、「自己のみを表すこと」〈自己指示〉と「何も意味しないこと」〈無意味〉を区別する手がかりは得られない。本論ではこうした事態を、言語が単なる現象性へ解体する過程としてではなく、言語の多義性が高まる傾向と捉えようとしてきた。一九三七年の「自作回顧断片」の中でヴァレリーは、詩において広義の装飾性や純粋音楽が優先され、意味的記号の自由な行使が重んじられる理由として、事実的なものの制約からの解放という点を挙げていた。音楽および音楽作品の創作の場合、可能性の全体がいつでも現前してはいるが、既存の現実を描写・再生産するのではないし、純粋な可能性が既存の現実によって限定されることもない。ヴァレリーが、基本語である「可能性」を叙述する際の姿勢を、精神の非歴史的状態と特徴づけたのは適切である。そして、「純粋詩」を考え抜くことで、事実を嫌悪する路線を打ち出したのも偶然ではない。事実への嫌悪とは、単に自然の事実や既存の世界の事実を嫌悪するだけでなく、既存の言語という事実、つまり特定の意味表現の機構を具えた言語という事実を嫌悪することをいう。それは要するに、言語が行う知的過程すべての不可逆性に反撥し、既存の言語によって可能性が現在の側から制限される過程を厭うことである。音楽作品では、このような不可逆性が成り立たないため、音楽はどの時点を取っても、あらゆる可能性に溢れている。このうして、「構成」は、ヴァレリーが好む用語のひとつとなった。それは、有機体的なものに反して提起されるというよりは、むしろ歴史的なものに最も鋭く対立するイメージである。音楽においては、可能性の領域は狭められずにいつでも完全に現存しており、その純粋さにこそ詩人が魅了されるのである。ヴァレリーは、明らかに〔プルーストの〕『失われた時を求めて』[*16]を念頭に置いた論評の中で、記憶を事実把握のための器官とみなす発想に異議を唱え、叙事詩的作風に抵抗した。[*17]かわってヴァレリーが目指したのは、可能的なものが対象との連結点を有しているような作品、つまり、「各瞬間に可能的な」作品を構想することであった。彼はさらに言葉を継いで、同一の詩作品を複数のヴァージョンで公刊したことに言及し、それらは互いに矛盾している場合さえあったと述べている。[*18] ヴァレリーは、自分の詩作経験の全体的特徴として、無制限の自由という精神状態を記述している。無制限の自由とは、何らかの魅力的な対象に直面することで、対象が隅々まで規定されている目の前の現実が可能性へと転換する、そうした活動空間に向けて自らの感受性を存分に発揮することである。歴史的に成立した既存の言語は、ヴァレリーの見るところ、純粋な思考に対する制約や制限が絡み合った網目のような組織である。そのためヴァレリーにとって詩人は、言語を純粋な可能性へ差し戻し、詩的自由の媒体へと変成させるような関係を築かなければならない。ここからして、言語が有する多義性を活かすことは、現実的なものを可能性の領域へと遡行させる美的転換と対応していることが明らかになる。詩的言語の多義性は、美的自由の意識そのものを具現しているのだ。言語は、志向作用が起こるための「発端」を提供する。しかし詩的言語においては、志向作用を喚起する発端はいわば寄せ集められているため、ある特定の方向へと作用を促すというよりも、ただ一定の情緒を生み出すにすぎない。ゴットフリート・ベン(Gottfried Benn, 1886–1956)は、「魔術」や「究極の秘義」といった月並みな表現を補うために、詩における言葉の「潜在的実存」[*19]を語っている。[*20] それにしても、なぜ「魔術」や「究極の秘義」なのだろうか。ベン自身が挙げている例であるが、「パイアーケス人、巨石碑、レルネー領域、〔愛の女神〕アスタルテ、〔ローマ皇帝〕ゲタ、ヘラクレイトス」[*21]は、「ただの名称であり、一部は私〔ベン〕が作ったものだが、それらが互いに触れ合うと」——歴史的な説明によって納得させるような註解なしに——「名称以上のものとなる」。他の個所でベンはこうも言っている。「言葉は、情報や内容を与える以上の働きをなす。それは精神である一方で、自然の事象がもつ本質的性格や両義的性格をも有している」。自然の事象との比較は重要である。言葉が何かを直観するための指示機能をあきらめ、漠然と着想された最初の観念を仕上げるだけでなく、いまだ現実化されていない多様な方向を示唆するような場合を考えてみよう。そのとき言葉は、いまだ完成も充実もされていないものを予感する。そして言葉は、経験の主体が——いまだ充実されていない志向性の地平として——現前化するものの予感に満たされ、すでに客観化された世界、あるいはこれから客観化される世界の日常的な言語状況から離脱し、言葉そのものの想像力を十全に発揮できる場面へ方向転換するのである。

内在的詩学では、言語の詩的特性を、どうしても同時代の言語の規範的傾向に対する反撥という観点から理解しがちである。常識や型にはまった約束事につきものの欲求不満こそ、詩作を触発するのであり、そのため言葉の受け取り手は、言語を抵抗感なしに理解したいという安易な姿勢を放棄せざるをえなくなる。言語を理解するとき、普段われわれはいつでも一義性に従属し、一義性を要請・主張できると信じており、こうした要求が日常の相互理解の際にたびたび挫かれたところで、何ら困ることもなければ、困る必要もないのである。それゆえ、公共的な言語意識において一義性の要求が認められ、その実現が実感されればされるほど、それに応じて、公共的言語に対する美的言語の抵抗は、間違いなくますますその威力を発揮する。科学化が進む世界において、言語は、一義性をさらに強く求めるだろうと考えなければならない。このことは、自然科学や技術が進歩する世界のみならず、文献学や美学が確立・発展している世界にも当てはまる。具体的な証拠を見るまでもなく容易に予想できることであるが、客観化的な言語と詩的生成の言語の本質的かつ内在的な分裂は、このような世界においては、その対立を激化させるであろう。そして詩的言語は、あらゆる指示機能に頑強に逆らってこそ成立すると思われる。詩的言語とは、用いられる隠喩同士が衝突して相殺し合うが、それでも最初に定めた形象を放棄しない言語であり、統語論によって解決しようとするいかなる安易な解釈をも認めず、文脈が次々と変化して、神秘的な暗示を理解する手がかりさえ摑めないような言語である。まさしくこの言語においては、音声言語より文字言語に慣れた読者が、印刷されていても発音に困る言語記号を読まなければならないうえに、教養ある読者でさえ、その「言い回し」がどこから取られたのか分からないばかりか、見当もつかないことが起こりうる（例えばエズラ・パウンド［Ezra Loomis Pound, 1885–1972］）。鍛え抜かれた教養の蓄積さえも、解決に役立たない。この場合、美的受容の意識に対してどれほどのものが要求されるのか、その限界はにわかには定めがたい。この種の詩をめぐる多くの証言も、ある特定の美的・言語的状況の痕跡を示す化石にすぎないからである。

詩的言語に特徴的な、指示言語との対立は、言語状況から理解されるが、それだけでは詩を構成するには不十分である。このような基本要素は、詩の確たる形式にとっては、単に二次的な位置を占めるにすぎないからである。これに対して、言語の多義性は、原子論的で、破壊的な規定である。それは詩作の条件ではあるが、詩を構成する契機ではない。詩的言語においては、対立としての特質と積極的な形式的決定が結合する必要があるが、こうした結合を最も巧みに表現しているのは、私が見るところ、またしてもあの、数学的範疇を偏愛してやまないヴァレリーによる「詩人の手帖」（一九二八年）である。同書では、純粋詩の内容は、最終的に「ありそうもないもの〔非蓋然的なもの〕」を作り出し、しかもそれが明白で、自明にありうること」*22にあると述べられている。「ありそうもないものがありうること」こそが、美的対象の論理的な構造を示す公式である。言語にとっても、無秩序さは統計的な意味でありうる〔蓋然的な〕状態だが、言語は、統計的意味での蓋然性や無秩序を増大させるのではなく、むしろ言語の意味を減少させることで、一義性を際立たせる。詩的言語の意味を豊かにするのは、「ありそうもないもの」のほうである。しかしこの「ありそうもないもの」自体に美的特質があるのではない。逆にありそうもないものだけが突出するならば、純然たる記号性に逆戻りすることになる。ありそうもないものを構成要素とする形象《イメージ》においては、ありそうもないものが、構成要素からは予想できないような蓋然性と結び付き、うまくすれば明証性を獲得する。生活世界の自明性から遊離し、配置の仕方次第で驚くほど斬新になった詩作品は、それ自身何らかの新たな文脈に組み込まれるが、その文脈自体もまた、新たな自明性によって拘束され、裏づけられる。このような非連続的なものの連続、あるいは「ありそうもないものがありうる」ための形式的手段はわれわれに馴染みのものである。この点に関してヴァレリーは、よく軽視される韻律の問題を特に取り上げ、『カイエB』(一九一〇年〔一九二四年〕)の覚書きで、蓋然性についての考察と関連づけている。ヴァレリーは、ある形象《イメージ》から出発して韻律が発見されるのではなく、与えられた特定の韻律から文学的理念が獲得されると考えており、自分のすべての詩作品、とりわけ一八六〇年から一八八〇年までの時期の詩業はこの考えにもとづいているというのである。この考えはきわめて特徴的で、表現を変えて繰り返し説かれる着想でもある。散歩の際におのずと生まれる歩行のリズムが空白の形式となって、その充塡を促すことで、ある詩作品が成立したという描写にも、そうした着想が見られる。[*23] 形式と内容といった図式を訂正しようと思うなら、形式に対する内容の適切さという点から出発すべきだろうが、実のところ、それはさして重要なことではない。なぜなら、詩的言語の多義性はそれ自体が「形式的な」知識だからである。ここでは、さまざまな段階の形式的規定が問題となる。そのような見通しによってのみ、「ありそうもないものがありうること」は、美的対象全体の判定基準とみなされる。美的感受性の等価物とされる「美的喚起力」とは何かという問いは、内在的詩学の問題であることは間違いない。しかしその問いには、美的喚起力の総計が美的価値そのものを構成するといった前提が含まれているわけではない。美的喚起力とは、文脈のネットワークと意義の予測が絡まり合うなかで、根本的な多義性が増大するときに発生する。とはいえ、美的対象の構築に関して言うと、さまざまな次元での「ありそうもないもの」は、形式上の統合における齟齬とは異なるし、意味論的な異物への接近でもない。詩作品は、構成的な言語的要素のいずれとも異なった言語的段階において語られなければならないし、どの要素も、言語の詩的生成の原則を満たさなければならない。「われわれは、待ち望んでいない語を待ち望む[24]」。このように詩作品は、詩作の過程で、希望と絶望のはざまに揺れ動く期待が、思いかけず満たされたときにのみ生まれるのである。

＊1　〔訳註〕P. Valéry, Superstitions littéraires, *Tel Quel*, Œuvres II, Paris: Pléiade 1960, p. 569〔ヴァレリー「文学的迷信」〕.

＊2　〔訳註〕類似の事態に類似の法を適用する慣習法的な解釈だが、刑法では禁じられる。

＊3　〔訳註〕「全体的印象」とともに、メーザーの用語。歴史の個別的事象の全体像が「全体的印象」と呼ばれ、部分的ではあってもそれに近づく方法的手段が「接線を引く」という仕方で語られる。マイネッケ『歴史主義の成立』（Fr. Meinecke, Die Entstehung des Historismus, 1936）下、菊盛英夫・麻生建訳、筑摩書房、一九六八年、二八―三〇頁参照。

＊4　E. Husserl, *Formale und transzendentale Logik*, Halle 1929, S. 22（Husserliana XVII Denn Haag 1974）.

＊5　Id., *Ideen zu einer reinen Phänomenologie und phänomenologischen Philosophie*, §66; Husserliana III, Den Haag

1950, S. 154f.〔フッサール『イデーン』I—II、渡辺二郎訳、みすず書房、一九八四年、一三—一四頁〕

＊6 一例として、L. Lavelle, *La parole et l'écriture*, Paris 1942.

＊7 B. L. Whorf, *Language, Thought and Reality*, ed. by J. B. Caroll, Cambidge (Mass.) 1956. 独訳 *Sprache, Denken, Wirklichkeit*, hg. und übers. von P. Krausser, Reinbek bei Hamburg 1963, S. 12f., 19〔ウォーフ『言語・思考・現実』池上嘉彦訳、講談社学術文庫、一九九三年〕.

＊8 〔訳註〕古くは「アダムの言語」、近代ではベーメ（Jakob Böhme, 1575–1624）の言語観、現代ではハイデガー（Martin Heidegger, 1889–1976）の言語論などに代表される言語神秘思想の全体を想定しているものと思われる。

＊9 P. Valéry, Œuvres, t. 1, Paris 1931, p. 1456ss.〔Calepin d'un Poète（「詩人の手帖」佐藤正彰訳、『ヴァレリー全集』第六巻、筑摩書房、一九六七年、二二一—四三頁）〕

＊10 〔訳註〕Id. Œuvres, t. 1, p. 1460〔同「詩人の手帖」「純粋詩」、四〇頁〕.

＊11 〔訳註〕G・ベン「混沌」（Chaos 一九二三年）の表現。「混沌——時と大地のいりみだれる／威しの身ぶり／再び帰らない時間にむかって／永劫《アイオーン》の大いなる疾駆——」『ゴットフリート・ベン詩集』深田甫訳、ユリイカ、一九五九年、四二頁。

＊12 〔訳註〕クザーヌスが『知ある無知』で語った「無限の半径をもつ円」のように、通常の客観的理性を限界に追い込み、超越へと突破させる言語表現。H・ブルーメンベルク『近代の正統性』第四部参照。

＊13 〔訳註〕代表的な見解として、W・ペイター（Walter Horatio Pater, 1839–94）の以下の言葉を参照。「すべての芸術は音楽の状態に憧れる」〔W. Pater, *Renaissance*, London 1913, p. 135〔ペイター『ルネ

サンス』別宮貞徳訳、冨山房、一九七七年、一四四頁〕)。

*14 〔訳註〕E. Husserl, *Formale und transzendentale Logik*, S. 25.

*15 〔訳註〕P・ヴァレリー「詩人の手帖」三四頁以下（Œuvres, t. 1, p. 1456)。「詩人。君の一種の言語的唯物主義。／小説家、哲学者、その他すべての軽信によって言葉に支配されている人びとを、君は高みから見下ろしてさしつかえない。——彼らは、自分たちの言説はその中身によって現実的であり、ある現実を意味すると信じなければならないのだ。しかし君は、言説の現実とは、単に語のみであり、形式であることを知っている」。

*16 M. Proust, *A la recherché du temps perdu*, Paris 1938–41; 独訳 *Auf der Suche nach der verlorenen Zeit*, Frankfurt a. M. 1953–57〔プルースト『失われた時を求めて』井上究一郎訳、ちくま文庫、全十巻、一九九四年、ほか〕.

*17 〔訳註〕P. Valéry, Fragment des mémoires d'un poème, Œuvres, t. 1, p. 1467〔ヴァレリー「自作回顧断片」『ヴァレリー全集』第六巻、一八九頁〕.「過去を甦らせる思い出は私にとって苦痛だ。……過ぎ去った時を回復しようと試みるのに努めることなぞ、私はまっぴらだ」。

*18 〔訳註〕同。「私はかつて同じ詩編の種々異なるテキストを発表したことがあった。それには相矛盾するものさえあった次第で、世人は早速これについて私を非難せずにはおかなかった」。

*19 〔訳註〕G・ベン「叙事詩の問題」『ゴットフリート・ベン著作集』第二巻、社会思想社、一九七二年、八二頁。

*20 Gottfried Benn, Probleme der Lyrik.（G. Benn, Gesammelte Werke, hg. von D. Wellershoff, Bd. 1, Wiesbaden 1960, S. 513f.）〔『ゴットフリート・ベン著作集』第二巻、八一頁〕

*21 〔訳註〕同、八一頁。

＊22 〔訳註〕P. Valéry, Œuvres, t. 1, p. 1453〔「詩人の手帖」筑摩書房、三一頁〕. 既訳では、「一篇の詩編はそこに含まれている純粋詩だけの価値を持つ。すなわち、そこに含まれている通常外の真理、完全に無用な領域における完全な適応、蓋然性のないものの産出における、明白な、いかにも肯首させるような蓋然性」。

＊23 P. Valéry, Œuvres, t. 1, p. 1474〔「自作回顧断片」一九八頁〕.

＊24 同（p. 1448）〔「詩人の手帖」二三頁。「われわれは待ち設けない語を待つ——予見され得ないが、待ち設け得る語だ」〕。

パラダイム

文法的に

トーマス・S・クーン（Thomas Samuel Kuhn, 1922–96）は、物議を醸した著作『科学革命の構造』において、「パラダイム」の概念を科学史の内に導入した。[*1] 彼自身がその「まえがき」において、「パラダイム」という言葉を使うにいたった経緯を語っている。一九五八年から五九年にかけて、彼は自然科学者であるにもかかわらず、社会科学系の研究者を主なスタッフとするスタンフォードの「行動科学高等研究センター」で過ごすことになった。自然科学者の彼にとって驚きだったのは、社会科学の場合には、学問的方法や問題をめぐってあまりにも見解の相違があり、論争に決着がつかないということであった。そこでクーンは、厳密な自然科学のほうが、基礎的な問題について社会科学よりも確実で堅固であるという思い込みを捨てて、自然科学においては、理論的実践に関して社会科学とは異なった歴史的・社会的構造があるために、それが反論を寄せ付けない確たる前提として定着しているのではないかと予想を立てた。

彼は次のように記している。「この相違の原因を明らかにしようと考え、私がこれ以降〈パラダイム〉と呼ぶことにしたものが科学的研究にとって果たす役割を認めるようになった。私の考えるパラダイムとは、一般に認められた科学的業績のなかでも、ある程度の期間にわたって、研究者の共同体に対してモデルや解決方法を示すもののことである」[*2]。理論的発展のある段階において、手続きが洗練され精緻になることで、変則的事態が明確になり、パラダイム内部で成立し存続している見込みが阻止され、最終的に危機に陥るような場面でこそ、パラダイムの働きは発揮される。したがってパラダイムの概念は、ある意味で、科学史の図式における非連続性の契機を表している。同様に「予測からの逸脱」(violations of expectations) は、確固たる体制が脅かされるところでのみ可能であり、大きな効果を現す。パラダイムとは、科学の実践の内に含まれているものであり、明示的に表現されているわけではないにしても、その方法や問題設定にあらかじめ入り込んでいる潜在的な諸前提の総体である。「科学者たちは、教育課程や、文献を通して修得したモデルに従って研究するが、そのモデルがどのような特質ゆえに共同体のパラダイムとして位置づけられているかを知らないし、また知る必要もない」[*3]。したがって科学における進歩とは、蓄積として理解されるような過程ではない。むしろそこに現れる創造性は、「驚愕を産み出す技術」という性格をもっている。

クーンのこれらのテクストを読むには、「パラダイム」の語を、「範例」というくらいの意味に理解すれば十分だろう。ここで、すでにゲオルク・クリストフ・リヒテンベルク (Georg

Christoph Lichtenberg, 1742–99）が「パラダイム」という表現を、科学史と関係させて、隠喩として用いているのは示唆に富んでいる。一八〇〇年から一八〇六年にかけて公刊されたゲッティンゲン版リヒテンベルク著作集の最終巻、「遺稿断章」と題された文書に、次のような一節が含まれている。「すべての発見の補助的装置のなかでも、私がパラダイムと呼んだ以上に豊かなものを知らない」[*4]。リヒテンベルクはさらに、物理学のパラダイムはカント哲学にも使えると語っている。この文章からは、リヒテンベルクがパラダイムという表現を、この文脈でどのように使おうと考えたのかを知ることはできない。その点については、ゴットリープ・ガマウフ（Gottlieb Gamauf, 1772–1841）の『リヒテンベルクの講義の回想』が教えてくれる。そこには、リヒテンベルクの発言にまず間違いがない文章が見出せる。「仮説が大いに有益であることの最適の例は天文学にある。いまやコペルニクスの体系はほとんど疑う余地がない。それはいわば模範となる語形変化表《パラダイム》なのであり、他のすべての発見は、その変化表から導き出すことができる。ここにおいて、最も広範で最も深いところにまで及ぶ人間知性の浸透力が現れる」[*5]。

この文章では、「いわば」と言い添えていることで、「パラダイム」という表現がすでに完全に比喩として用いられている。コペルニクス級の天文学理論は、文法における変化表のようなものである。つまり、この変化表によって生徒たちは、同じ型の語幹をもつすべての名詞の語形変化を学ぶのである。コペルニクスの体系が、他の発見をその「語形変化」としてしまうようなパラダイムであることを、リヒテンベルク自身が繰り返し提示している。リヒテンベルクは天文学のパラダイムに親しんでいたため、晩年にはついに、われわれがドイツ語で読むことのできる最も素晴らしいコペルニクス伝〔一七九五年〕を著した。

この文脈では、他にもきわめて重要な例を挙げることができる。リヒテンベルクの『地理学的・気象学的幻想』に見られるのだが、彼は「パラダイム」を、文法の変化表という、含蓄に富む比喩的な意味で用いている。この個所でリヒテンベルクは、想定可能な日照時間の周期的な変動について述べ、気候の変化がその変動に従っていると語っている。ゲッティンゲンの天文学者マイアー（Johann Tobias Mayer, 1752–1830）は、ヘルシェル［ハーシェル］（Frederick William Herschel, 1738–1822）に倣って、山頂に日照計を設置することを提案していた。これについて、自ら編集に当たっていた『ゲッティンゲン文庫』において、リヒテンベルクはこう述べている。「ここでもまた、天文学の精神——あるいはむしろ天文学のセンスとでも言うべきもの——が、自然科学の研究プランを構築するのにいかに貢献できるかを目撃するのは、本誌の編集者たる私にとって、このうえない喜びである。これまで幾度も述べてきたように、天文学が発展し、天文学的な手法が、模範となる語形変化表《パラダイム》となり、他のあらゆる自然科学分野がその変化表に倣った語形変化とみなされ、物理学や化学の実験室に天文学史年表が掲げられたときはじめて、あらゆる自然科学分野に精通したと言えるのである。いまは特に熱心な反フロギストン論者に、真の宇宙の体系が発見された歴史をしっかりと肝に銘じるように進言したい。ラヴォワジェ（Antoine-Laurent de Lavoisier, 1743–94）こそ、化学のコペルニクスであることは疑う余地がない」。[*6]

リヒテンベルクは同時代の諸科学について、前コペルニクス的状況にあるとみなすことが多かった。さらに、研究の補助的手段や新たな物質の発見が拡大していくことが、前コペルニクス的状況に拍車をかけている。それはとりわけ化学の場合、頻繁に当てはまる。それというのも、リヒテンベルクにしてみれば、化学においては、あまりにも頻々と「新たな地球」が発見されていたからである。化学の場合、天文学革命のパラダイムが徹底して単純化して取り入れられようとしていると、リヒテンベルクは考える。遺稿の中のあるメモに、彼はこう記している。「私に言わせれば、新たな地球の発見はけっして喜ばしいものではない。新たな天体が増大することは、天文学における周転円の濫用を思い起こさせるところがある。恒星の偏移というものが昔から知られていたなら、天文学者は周転円をどのように活用しようとしただろう。もしかすると、幾何学的創意が存分に発揮された可能性もある。しかしそうしたことは問題ではない。ここで私が言わんとするのはこういうことだ。化学の分野にもケプラー（Johannes Kepler, 1571–1630）が登場しなければ、まもなく化学は周転円の重圧に押し潰されてしまうだろう。もはや化学を研究する者は誰ひとりとしていなくなり、活潑な知性ならより巧みになしとげられるはずのことも、惰性によって簡略化されてしまうことだろう。すべてがより単純に一望できるような視点が是非とも必要である。樹木の葉に見られる不規則性をいちいち重要と考え、それを樹木の歴史の重大事とみなすなら、樹木の本性を突き止めるなど、とうてい無理な相談なのだ」[*7]。

コペルニクスが示した科学的パラダイムに先行して、まずはあらゆる思考に言語を提供する語形変化表《パラダイム》が前提となっている。リヒテンベルクはそうした考えに支配され、およそわれわれの哲学というものは、言語使用の矯正であり、広く流布した既存の哲学の矯正であると語っている。またもや文法の比喩を使った文章がある。「われわれの誤った哲学は、言語そのものの全体に編み込まれている。だからわれわれは、いわば思案をめぐらせると、途端に誤った思案に陥るのだ。何を語るかに関わりなく、語ることがそれだけである種の哲学だというのは、普通なら考えもつかないだろう。……とはいえ世の哲学は、語尾変化と動詞変化に支配されているという特徴がある。したがってわれわれにおいては、真なる哲学が誤った哲学の言葉によって教えられるということが生じるのだ。単語を説明するだけでは何の役にも立たない。なぜなら、単語の説明だけでは、まだ代名詞を変化させ、その語形変化を行ったことにはならないからである」[*8]。

「自然という書物」という複合的な比喩《メタファー》の中で、単語・シラブル・文字、顕在的な意味論あるいは暗号化された意味論などの比喩がどれほど頻繁に用いられているかを考えてみよう[*9]。それに比べて、「自然という書物」の伝統の最後に位置するリヒテンベルクの比喩の用法を見ると、「自然という書物」を窺わせるような統語や語形論の比喩が用いられていないことが分かる。何より重要なのは、〈何が語られているかということよりも、〉何が語られていないかを見抜くことである。

＊1　Cf. Thomas S. Kuhn, *The Structure of Scientific Revolutions*, Chicago 1962; *Die Struktur wissenschaftlicher Revolutionen*, Frankfurt a. M. 1967〔クーン『科学革命の構造』中山茂訳、みすず書房、一九七一年〕.

＊2　Id., *Die Sturktur wissenschaftlicher Revolutionen*, S. 11.

＊3　*Ibid.*, S. 71.

＊4　Georg Christoph Lichtenberg, *Vermischte Schriften*, hg. von Ludwig Lichtenberg und Friedrich Dries, Bd. 9, Göttingen 1806, S. 152f.

＊5　Gottlieb Gamauf, *Erinnerungen aus Lichtenbergs Vorlesungen*, Bd. 1, Wien/Trist 1808, S. 36（エルクスレーベン［Johann Christian Polykarp Erxleben, 1744-77］の『自然学の始原的根拠』［Anfangsgründe der Naturlehre 1772］の八・九章として書き加えられた「仮説」［Hypothesen］）.

＊6　G. Chr. *Vermischte Schriften*, Bd. 7, 1804, S. 203.

＊7　*Ibid.*, Bd. 9, 1806, S. 187f.

＊8　*Ibid.*, Bd. 2, 1801, S. 56f.

＊9　〔訳注〕「自然という書物」についてのメタファー論的議論については、以下を参照。H. Blumenberg, *Die Lesbarkeit der Welt*, Frankfurt a. M. 1981〔『世界の読解可能性』山本尤・伊藤秀一訳、法政大学出版局、二〇〇五年〕.

エルンスト・カッシーラーを讃えて

クーノー・フィッシャー賞受賞挨拶（ハンブルク大学、一九七四年）

受賞の挨拶というものは、前回の受賞者とその受賞作品について述べるのが慣例ですが、お許しをいただいて、ここではごく自然に思い浮かぶままに、クーノー・フィッシャー賞の最初の受賞者を顕彰することにしたいと存じます。数日後の七月二八日には、エルンスト・カッシーラー（Ernst Cassirer, 1874–1945）の生誕百年が祝われることを思えば、これも自然な流れだと言えるでしょう。何を隠そうこのカッシーラーこそ、いまを遡る六〇年前、一九〇四年に創設されたこの賞を最初に受賞する栄誉に浴した人物なのです。

しかし、ご安心いただきたいところですが、私自身が個人的には一面識もないこの人物について、ここで記念の辞を長々と読み上げようというのではありません。ここで取り上げたいのは、その人物が関心をもった事柄、そして彼に賞が授けられることによって彼の名とともに表舞台に現れた事柄が果たしてどのようなものであるかということなのです。ここでは、カッシーラーは、哲学の歴史記述をどのように考えたのかという問題を扱うことにしましょう。カッシーラーは、本賞の名称の由来となっているクーノー・フィッシャー（Kuno Fischer, 1824–1907）が一八九七年に『学問としての哲学史』において述べた重要な言葉、すなわち「哲学史を叙述することは、それ自体が哲学の遂行なのである」という言葉に、彼独自の表現を与えたように思えます。そこで、それがいかにしてなされたのかというのが問われるべきでしょう。

カッシーラーが本賞を受賞したのは、最終的には四巻本となった「認識問題の歴史」（『哲学と科学における認識問題』一九〇六―五〇年）の最初の二巻の第二版が上梓されて間もないときでした。とはいえ、彼のその後の歩みはまさに、認識論が哲学の中心的主題からは後退するといった動向に巻き込まれることになりました。なるほどカッシーラーは一九二九年、ハイデガー（Martin Heidegger, 1889–1976）と論争を行ったダヴォス会議[*1]においてもなお、「私は自分の発展をコーエン（Hermann Cohen, 1842–1918）からの離反とは考えていない」と語っていました。しかしただちに言葉を継いで、数学的自然科学はもはや自分にとってはすべてではなく、目安にすぎないとも述べていたのです。

認識論の優位が失われていく経緯は、カッシーラーの学問的経歴から、かなり重要な出来事として読み取ることができます。それはつまり、哲学と諸科学の関係に根本的な変化が生じたということです。認識以外の一切の事柄がほぼ不確実になってしまった場合、理論的確実性が思考の中心を占めるのはどれほど難しくなるか、その程度に応じて、認識論の母体となる確実性に対する要求もまた、変貌を余儀なくされたのです。「われわれは何を知ることができるのか」[*2]という由緒ある問いは、多少なりとも歴史的に考察するならば、「これまでわれわれが知ろうと欲していたのは何であるか」という問いへと変容するでしょう。加えて、科学が生活世界に対してその影響をますます強く浸透させている状況では、科学理論の信用性に疑問が生じるなら、それだけで世の中に驚きを引き起こしてしまうでしょう。スイッチを押して何らかの機構《メカニズム》を始動させる際には、科学に対して——たとえそれが危険なものを生み出し、可能にしてしまう場合でさえも——信任を与えているということになるのです。このような当たり前の経験は、カント（Immanuel Kant, 1724–1804）にも、そしてまた新カント学派にとっても無縁のものでした。なぜなら彼らは、事象の散発的な観察によって裏づけられる天体力学を、理論的確実化の原型としていたからです。

　そこでカッシーラーの最初の主要な主題は、記念碑的・歴史的な回顧でしたが、だからといってその価値の切り下げに荷担したわけではありません。その歴史、および歴史を見る包括的で最終的な眼差しによって、認識論は歴史理論的反省の手引きとなるのです。

　カッシーラーの第二の主要な主題は、一九一〇年の『実体概念と関数概念』における概念形成の理論でした。私の見るところ、この書物は今日でもいまだ汲み尽くせない内容をもっているにもかかわらず、不当にも忘れられた著作です。「忘れられた」という言葉は、驚異的な力量をもったカッシーラーの影響とその孤立を考えるためのキー・ワードになります。カッシーラーはある大学で一五年間にわたって教鞭を執りましたが、その大学は、「非哲学的」であると言って差し支えないようなところでした（ここでは、ハンブルク大学で教壇に立った私自身のわずか二年ばかりの経験を基準にしないように、あえて過去形で言いましょう）。それにもかかわらず、ハンブルク時代にカッシーラーは――その素質にふさわしく――世界に伍する思考の才を発揮しました。それによって彼は、最終的にはアメリカにおけるドイツ人亡命者のうちでただ一人、今日に至るまで明白な影響を及ぼしたのです。そのかけがえのない手段となったのが、『観念史学会誌』（Journal of the History of Ideas）でした。

ハンブルクには、ヴァールブルク文庫という、未知のものを蒐めた比類なき宝庫が存在しました。そしてカッシーラーの『象徴形式の哲学』（一九二三―二九年）の全三巻こそが――こう言ってよければ――この文庫、および後の同名の研究所を支える理論となったのです。確かに、象徴機能に関するこの体系は、新カント学派全体の表向きの意図と隠れた意図を完成させるものでした。自然的対象に関する範疇表を文化的対象の範疇体系の特殊例とみなしたうえで、最終的には文化的対象の範疇体系の下位段階に、方法的に整備された自然の範疇表が組み込まれることになります。しかし結果からするとそれは、象徴形式のネットワークとその階層的構造によって、哲学的理論に対して、対象と主題の新たな世界を開示し、あるいはそれらを新たな仕方で特徴づけ、統合することになりました。

象徴形式の概念の有効性を検討するために、カッシーラーはいまだ規範化されていない未知の謎めいた素材に目を向けました。象徴形式があらゆるところに浸透しているなら、前言語的な原始状態は存在しえないはずです。カッシーラーはウーゼナー（Hermann Karl Usener, 1834–1905）の「瞬間の神々」[*3]に魅了され、名称を付与する基本的活動と象徴形成をウーゼナーに従って構想したのです。科学的な進歩を、意識の多様化の指標とみなすのは、無理な相談でしょう。言語学や民族誌、および宗教史をくまなく検証するなら、そのことが分かるはずです。歴史という現象は、異質なものを、可能な限り自己へと同化しようとする関係づけのひとつにすぎません。このような根本的経験を通じて、時間と空間は均質な等価性の次元とみなされます。こうして、異質なものを自己の基準から見たり、あるいは過去を現在の基準から評価すべきではないという指針が生まれるのです。

そこから、哲学史家としてのカッシーラーは、いよいよもって、歴史の暗がりとみなされている場所の叙述に踏み込んでいきました。スコラ学とデカルト主義のはざまにあって、歴史哲学においては不毛な無人地帯と考えられている時期が、カッシーラーのルネサンス研究（『ルネサンス哲学における個人と宇宙』一九二七年）によって照らし出され、そればかりか十分議論に値する対象となりました。同様のことは、ケンブリッジ学派のプラトン主義の研究（『イギリスにおけるルネサンスとケンブリッジ学派』一九三二年）にも当てはまります。

象徴形式の理論は、学問的経験よりも以前に遡り、日常的経験に関わるものです。その理論においては、日常的経験で知覚されるものが、ゲシュタルト心理学を通して考察されます。カッシーラーは「直観的世界」、あるいはそこでの表現の現象を、理論的活動の根底と考え、理論的活動は直観的世界の延長にすぎないものとみなそうとしました。しかし、これは言うのは易しいものの、実際のところ、きわめて困難な課題ではないかという思いは拭い去れません。それはまさに、ちょうど同じ時期に、フッサール（Edmund Husserl, 1859–1938）が「生活世界」という術語によって扱っていた主題にほかなりません。この主題に取り組むことで、フッサールは、自身の哲学から新カント学派的な要素を最終的に取り去ったのです。哲学という遂行の始まりは、事実や事実学への還帰の内に求めることはできません。生活世界とは、「現に起こっていることのすべて」などではないのです。むしろ生活世界は、事実とは何の関わりもないとすら言えるかもしれません。そうだとしたら、生活世界のあり方を、学問的「対象」へと変容させることなく、なおかつ学問的手法によって把握し、記述することは果たして可能なのでしょうか。

現象学的な「生活世界」の場合もそうですが、カッシーラーもまた、直観世界と表現世界という基準によって、事実上は新カント学派の前提から訣別しているとはいえ、それでもやはり、ある種の疑念はつきまといます。それはつまり、範疇という理念的思考を象徴形式の体系の内に持ち込むことによって、規範的学問を志向する新カント学派の目的論を実際は離れられていないのではないかという疑念です。このような見込みのない問題を過去のこととして葬ることにするのはたやすいことです。それをあえて実行する道を歩むのは、かなり難しいことですが、さらに重要なのは、理由が分からず効力を失っていく事柄から目を離さずに、その根拠を探求することなのです。

カッシーラーの著作においては、象徴形式のシステムである神話・言語・宗教・芸術の各々がもつそれぞれ独自の価値と、体系全体の意図——つまり学問的形態の認識、およびその最終的な優位を目指すという意図——のあいだに齟齬が生じています。このように述べたからといって、私は何も、学問における体系的進歩という契機を疑っているわけではありません。今日では一般的となったこのような疑いを、私は軽薄で許しがたいと思っていますし、何よりもそもそも維持しがたいと考えています。なぜなら、学問に対する疑いは、それ自身が学問的な仕方で形成されているからです。その考えでいくと、『象徴形式の哲学』も結局のところは、学問の歴史を時代的・領域的に拡張したものにすぎないということになるのでしょうか。つまり、そこでの認識の目標は、世界についてのあらゆる理解は、いずれも暫定的なものとして、やがては乗り越えられていくのを知る点にあるのでしょうか。

このような総括が可能になるのは、ある一連の哲学的運動、つまりディルタイ（Wilhelm Dilthey, 1833–1911）、ジンメル（Georg Simmel, 1858–1918）、フッサール、カッシーラー、ハイデガーといった多彩な才能がそれぞれの役割を果たした哲学運動のお蔭です。カッシーラー自身はその著作の中で、新カント学派から逸脱する過程を歩みながら、今日われわれがカッシーラーに関してなおも読み取ることのできるある視点を提起しました。それはすなわち、現在こそが際立った地点であり、現在こそが、新たに出現した現象や歴史を、神話など、その背景にいたるまで判定する基準であるとみなす考えであり、それはまたここ数十年、われわれ自身に帰せられるであろう考え方です。確かに個々の論点や、具体的な叙述の点では異なるにしても、これは全体的構想の点で、紛れもなくカッシーラー的な見方と言えます。この見方は、簡単に乗り越えられたと考えるべきではないでしょう。進歩を主張する人びとのみならず、「過去のすべてを、現在の啓蒙のために」用いることを、反歴史主義に対する最後の砦とする人びともまた、けっして考えが異なるわけではなく、ただその表現が違っているだけのことなのです。

カッシーラーから学ぶべきことは、彼自身はかならずしも貫き通すことはできませんでしたが、彼の生涯の仕事において、それどころかその枠を越えて、いまだに課題としての意味を失っていない主張が見られる点です。それはつまり、哲学史、科学史、あるいは象徴形式のシステムの歴史は、現在を正当化するためのものではないし、それを成功・失敗という基準に従わせてはならないし、意識の優位という幻影を促す基準に従属させるべきでもないという主張です。カッシーラーの議論の中では十分に検証されることはありませんが、カント主義者たるものは、人格を無視して人間を単なる道具として扱うような命法に逆らうものであり、歴史を現在の実現の条件とみなすような考えに対しては——たとえそれがどれほどの成功を収めようとも——抵抗することでしょう。まさにそうした態度こそが、認識の姿勢《エートス》と言うべきものであり、それは歴史における〔適者生存の〕選択メカニズムを確証することに甘んじることがありません（それはそれで意味のあることですが）。歴史家に特有のものでもあるこのような認識の姿勢《エートス》に従うなら、現在を歴史の目的のように扱ったり、現在をもっぱら歴史の目的に向かって進行しているとみなすことは拒否されます。歴史から主権を奪うような見方が、歴史的認識の姿勢《エートス》によって解体されるのです。歴史には目的など存在しないからこそ、幸いなことに、われわれは目的に至るための暫定的段階として軽視されることはないし、目的実現の道具として従属的に扱われることもないのです。「人類の教育」[*4]といった類いの思考形態は、われわれがあまりに早く生まれすぎていて、十分に「成熟」していないといった考えと引き換えに、歴史の意味を護っているのです。

キリスト教の教義は、大胆にも救済の喪失を想定しましたが、救済のための世界審判の瞬間が偶然に委ねられることには堪えられませんでした。「下界への下降〔キリストの地獄降り〕」(descensus ad inferos) という大規模な神話素によって、過去の人びともまた、のちの救いの状態に与りうるものとされるのです。

今日、はっきりと感じ取れるのは、空間的に狭くなった世界で同時代人たちが示す傲慢さであり、進歩の中で成功を収めた人びとが、援助を必要としている人びとに対して揮っている優越です。進歩がいつまでも続くと考えられる限り、前の時代の人びとは後からやってくる人びとに遅れを取ることになるし、また「理性の狡知」の歴史感覚に従うなら、中間段階や通過過程、果ては現在そのものまでも、必然的にどうでもよいものとならざるをえません。時間の領域においては、こうした自己理解がごく当然のものとみなされるのです。

民族誌においては、科学では当たり前に行われていること、つまり観察者の時間的・空間的な立脚点を、事実選択や判断の基準点とみなすことが、以前からもはや通用しなくなっています。もちろん、民族中心主義といった背景全体を把握するようになるには、かなり時間がかかるでしょうが。民族学的構造主義は、レヴィ＝ストロース（Claude Lévi-Strauss, 1908–2009）の『人種と歴史』（一九五二年）のように、歴史を異質な民族的・文化的存在の積み重ねとしてのみ理解し、それとともに時間の実在性を希薄にすることによって、記述の中立性の要請を徹底して推し進めました。科学史はほぼいつでも、正しさを勝ち取った人びとの嘲笑を共有してきました。しばしば挙げられる例ですが、シッチ（Francesco Sizzi, 17C.）、マジーニ（Giovanni Antonio Magini, 1555–1617）、クレモニーニ（Cesare Cremonini, 1550–1631）といった人びとはどうでしょうか。彼らは、ガリレイ（Galileo Galilei, 1564–1642）の望遠鏡を覗いてみようともしなかったか、実際に望遠鏡を覗いたところで、木星の衛星を単なる影だと言い張ったのです。彼らは全面的に正しかったのです。ガリレイの望遠鏡によって何かが見えたからといって、それが一度成功したくらいでは、まったく価値のないものです。それが錯覚ではないという保証はありません。何日も何週間もかけて、木星を回る規則的な位置の変化が観察され、最終的には木星との位置関係の予測ができるようになってはじめて、あらゆる疑念を払拭することができるのです。ガリレイは、自身が観察した現象を、太陽中心的宇宙観との類比で考えることに取り憑かれていたため、論敵に対して事実を証明することができませんでした。哲学史にとっては、ガリレイの『天文対話〔プトレマイオスとコペルニクスとの二大世界体系についての対話〕』に登場する〔中世スコラ学の代表者〕シンプリチオは、快活な好人物である以上に、論争のための戯画《カリカチュア》なのです。科学史は、それが扱うものの性質上、あくまで成功が中心であるため、忘れ去られていったものに敬意を払うのは明らかに難しくなるのです。

時代錯誤ということを、過去の人びとに対して言ったところで意味はありません。しかし時代錯誤といった非難は、誰がそれを口にするかは別として、暗黙のうちに現実理解の基準を崩してしまうことになります。つまりその場合、何よりも過去を現在から見て——しかもある特定の現在に対して、その重要性の要求に従って——相対化することで、現在にまで持続しているものこそを意味あるものとみなす現実理解の基準を、結果的には崩してしまうことになるのです。われわれは歴史から学ぶこともできれば、学ばないこともできます。そのどちらを取るかは、そもそも人間的な現象をしっかりと把握するという基本的な義務に比べれば、所詮は二の次なのです。

「歴史主義」という非難は、私にはいつでも光栄と思っています。しかし、時代的・地理的な認識を正当化し、突き動かしているのが、単にわれわれの「利害関心」であり、ただそれだけのことなのだというような意見には異議を唱えたいと思います。パタゴニアの原住民も、近年学問的に脚光を浴びたクワキウートル族[*5]も、生存を保障されるだけでなく、理論的研究を行っている研究者から、学問上忘れ去られることがないこと、そして彼らが一人ひとり、人類の一員としての尊厳と敬意を保つことを要求しているのです。

このような「高貴な者の義務」(officium nobile) は、理論というものが、われわれにとってはひとつの態度決定であると同時に、認識能力であるという点に由来します。しかしながら、このような歴史的条件の下では、われわれには文字通り、選択の余地はありません。もとよりわれわれは、歴史的に割り当てられたこのような義務を放棄することもできるでしょう。しかしそうなると、好むと好まざるとにかかわらず、何らかの「利害関心」がわれわれを捉え、腐敗の過程に巻き込むことになるのです。人間的な要素をあらゆる場面に行き渡らせるというのは、われわれの選択の問題ではなく、われわれにとって厳然たる要求なのです。時代的・地理的に見て、「われわれにとって」何が重要で、認識に値するかという点を知ることが肝心だと思い込んだ途端、われわれは、避けようとしていた前提に落ち込むことになります。それはまさに、知的領域の恣意性という前提なのです。

カントにいたるまでの、〔魂の〕不死性の思想という宗教的・形而上学的伝統は、「栄光」(gloria) や「記憶」(memoria) ――あるいは消極的に、最も深刻なかたちでは「〔死後の〕名声破棄」[*6] (damnatio memoriae) ――のような古い制度の内に保持されていたものを覆い隠し、忘却させました。そこで失われたのは、能動・受動の両方の意味での記憶への訴えかけです。それはつまり、別の時代の人びとと同時代的であることの要求であり、時代と地域という偶然に屈することのない努力を求めることでもありました。「人間性」とは、けっして超＝主体を意味するわけではありません。われわれが、「人間性」という普遍概念の内に統合されることはありえないのです。反歴史主義とは、それがどのような形態をとる場合であっても、少なくとも自らの時代状況の偶然性を忘れようとする試みであり、時代を貫く同質性の要請を——実現はしないまでも——少なくとも演じさせようとする試みなのです。しかしそれはあくまでも、上手くいった場合にはという限定つきのことです。なぜならここではさらに、あるひとつの歴史によって歴史そのものが駆逐されるということが起こるからです。歴史に反対する人びとは、自分も何らかの歴史に与していることを指摘されるのを好みません。時代的・地理的な偶然性を不快に感じながら、なおもそれとともに生きるということは、もっぱら現在および最も近い将来を判断基準にするのを断念することを意味するだけではありません。それは同時に、時代的・地理的な偶然性が堪えがたいという厄介な意識を持ち続けることでもあるのです。

　哲学の歴史を考察すること、ひいては諸々の学問の歴史に取り組むことは、将来の人びとに対して過去の人びとについての証言を行うこと、またそうすることで、来るべき人びとに対する必要な敬意を払うこと——そのひとつのあり方なのです。

＊1　〔訳註〕ハイデガー『カントと形而上学の問題』（門脇卓爾訳、創文社、二〇〇三年）でのカント

解釈をめぐって、スイスのダヴォスでの会議において有名な論戦が繰り広げられた。

＊2　〔訳註〕カントが『論理学』（一八〇〇年）序論において提起した哲学の四重の問いの一番目に挙げられた問い。全体は以下の通り。「（一）私は何を知ることができるのか。（二）私は何をなすべきなのか。（三）私は何を信じてよいのか。（四）人間とは何か」。

＊3　〔訳註〕レッシング（Gotthold Ephraim Lessing, 1729–81）が啓蒙主義の思想にもとづいて、人間が人種・宗教などの特殊的規定を離れて、普遍的共同性に達する過程として提起した理念。

＊4　〔訳註〕ある出来事や状況を、神的な存在に帰する神話的着想の原型として、ウーゼナーが用いた概念。状況に依存し、そのつどその存在が別々のかたちで認められる瞬間神から、やがて特殊神を経て、人格神が形成されるというのが、ウーゼナーの理解する神話的思考のあり方であった。カッシーラー『言語と神話』、および『象徴形式の哲学』第二巻「神話」において、このウーゼナーの思想が、言語形成と平行するものとして論じられている。

＊5　〔訳註〕ボアズ（Franz Boas, 1858–1942）によって民族学的研究の対象となった北アメリカの民族。

＊6　〔訳註〕古代ローマなどに見られる。後世の人びとが故人を断罪し、その記録を抹消する刑罰。

訳者解説

ブルーメンベルクの人間学

一　知の大伽藍

二十世紀以降の現代哲学の中で、ブルーメンベルク（Hans Blumenberg, 1920–96）は位置づけの難しい特異な思想家である。一九二〇年生まれのブルーメンベルクは、年代的にはガダマー（Hans-Georg Gadamer, 1900–2002）に一世代遅れて、ドイツにおける現象学運動や生の哲学の興隆期に学問的活動を始めている。フッサールの『論理学研究』（一九〇〇／〇一年）によって現象学が樹立されたのち、ハイデガーが『存在と時間』（一九二七年）を著し、現象学に新たな局面を開く一方で、カッシーラーが『シンボル形式の哲学』（一九二三—二九年）によって新カント学派の学問論を刷新し、フロイトが『自我とエス』（一九二三年）などによって精神分析学の新たな展開を模索するといった具合に、ドイツの思想界が多岐にわたる創造性を発揮し始めた文化的環境の中で、ブルーメンベルクの思考は形成された。二十世紀初頭のドイツは、文化的にはこのような傑出した活動を生み出しはしたものの、政治的にはヴァイマール共和国からナチスの一党独裁を経て、やがて第二次世界大戦へと雪崩れ込む暗雲に覆われた時代でもあった。ブルーメンベルクもまた、母親がユダヤ系であったところから、ナチス時代は大学進学を禁じられ、収容所生活をも経験しているように、研究者としてけっして順調で恵まれた道を歩み始めたわけではない。しかしながら、戦後になってからキール大学で学位論文、教授資格論文を提出して研究生活を始め、とりわけ一九六〇年にギーセン大学教授に就任してからは、『近代の正統性』(一九六六年、邦訳・法政大学出版局)、『コペルニクス的宇宙の生成』(一九七五年、邦訳・法政大学出版局)の公刊によって、当時の思想界の争点となっていた「近代の超克」や「近代の終焉」といった議論の中で、独自の思想家として認知されていった。

ブルーメンベルクが著述活動を本格化した一九六〇年代は、すでに現象学運動が定着し、フランスにもその影響圏が拡がり、またガダマーが『真理と方法』(一九六〇年)を公刊することで、哲学的解釈学が主要な流れを作り出した時期である。ガダマーの解釈学は広範な影響を及ぼし、フランクフルト学派のハーバーマス(Jürgen Habermas, 1929–)との論争が注目を集める一方、美学・芸術理論でも「受容美学」で知られるコンスタンツ学派に大きな刺戟を与えている。そのような動向の中でブルーメンベルクは、一九六五年に「詩学と解釈学」といった研究グループの発足に関わり、同世代のヤウス（Hans Robert Jauß, 1921–97）やイーザー（Wolfgang Iser, 1926–2007）らと共同研究を行い、その拠点をボッフム大学、ミュンスター大学へと移しつつ、ますます旺盛な執筆活動を続け、『神話の変奏』（一九七九年、邦訳・法政大学出版局）、『世界の読解可能性』（一九八一年、邦訳・法政大学出版局）、『生活時間と世界時間』（一九八六年）、『洞窟の出口』（一九八九年）など、いずれも五〇〇頁を越える怪物的とも言える大著を次々と公刊し、九六年に世を去ったあとでも、『星界の完全数』（一九九八年）、『人間の叙述』（二〇〇六年）などの大部の遺稿がアルヒーフによって編集・公刊され続けている。

教授資格論文ではフッサールを主題とするなど、その経歴から暗示されるように、ブルーメンベルクの活動は現象学・解釈学と近い領域にあったのは事実であるが、彼の思想そのものは、それら現代の哲学運動とかならずしも直接に連動しているわけではない。世代的に言うならブルーメンベルクは、フランスで構造主義からポスト構造主義への動きを牽引したドゥルーズ（Gilles Deleuze, 1925–95）やフーコー（Michel Foucault, 1926–84）とほぼ同年代だが、そうしたフランス現代哲学に積極的な関係をもつこともなく、独仏双方で哲学的論議が活潑になったこの時代の中で、思想的に孤立しているかのような印象がある。つまりブルーメンベルクには、理解の方便としてすら、何らかの学派の名称を帰することが容易ではなく、その思想は既成の一般的な分類に収まりきらないのである。ブルーメンベルクがいわば「知られざる思想家」であり、同時代の思想家に比べて、日本のみならず、ドイツ以外のヨーロッパ諸国でも本格的な紹介や研究が遅れているのは、その文体の難解・晦渋のみならず、思想の位置づけの困難に起因しているように思える（ようやく最近では、英訳に加え、仏訳・伊訳なども徐々に公刊され始めた）。しかし何といってもブルーメンベルクの著作は、古代から現代の哲学・宗教・神学に関する膨大な学識によって埋め尽くされ、知の大伽藍のようにそそり立つその偉観によって、圧倒的な存在感を放っている。著作の主題も多岐にわたり、古今の哲学はもちろんのこと、神学・宗教学を始め、科学論・技術論、さらに美学・文学理論・芸術理論といった多様な分野を縦横に往き来して、そのそれぞれについて専門家としての見識を発揮し、複数の領域を自在に繋ぎながら展開されるその議論は超絶技巧《ヴィルトゥオーソ》の趣すらもっている。このような知のあり方は、ヨーロッパの一級の知識人の正統的な伝統を受け継ぐものであり、その桁違いのスケールは、細分化と専門化の弊害が懸念される現代の人文学とは別格の魅力によって、読者を惹きつけずにはいないだろう。つまりブルーメンベルクは、「脱領域」や「学際的」といった言葉がもてはやされる以前から、知的活動にはもともと境界などは存在せず、思考の連鎖は「専門」の垣根をものともしないということを、やすやすと実演してみせた思想家なのである。

二　生存の技法

ポスト・モダンの議論を経た現代哲学の視点から見たとき、ブルーメンベルクの著作はきわめて古風で、ことによると時代錯誤《アナクロニズム》的な印象を与えかねない。それというのもその著作は、「神の死」が喧伝される現代において、執拗に「神」や「絶対者」を語り、世界の「創造」を論じ、「救済」を求める人間存在の意味を問い続けることに向けられているからである。もとよりブルーメンベルクの関心はあくまでも「人間」を中心とするものであり、その狙いのひとつが現代における「哲学的人間学」の刷新にあるのは確かである。しかしながらその人間学は、生物学や社会学といった事実的・経験的諸学を基礎とするものではなく、あくまでも神という絶対者、世界という全体性との関係の中で、有限な存在たる人間がどのように生きるか、その生の形態を追求するものであった。神についての「神学」、世界についての「宇宙論」、人間についての「人間論」は、伝統的に「形而上学」を構成する三分野とされていたことを思うなら、ブルーメンベルクの思考は、現代では克服の対象とされる「形而上学」の問題意識を、あえて堅持しようとするものだとさえ言うことができる。ギーセン時代からブルーメンベルクと交流のあったマルクヴァルト（Odo Marquard, 1928–）が、「現代哲学のなかで、ブルーメンベルクの哲学ほど――形而上学批判の歴史についてきわめて正確な知識をもちながらも――あからさまに、なおかつ積極的に形而上学に取り組んだものを私は知らない」と語っているのは、けっして理由のないことではない。

もちろん、ブルーメンベルクも「神の死」という事件を真剣に受け止めているが、それを現代に固有の現象に限定するのではなく、さらに射程を広げて、人間の生に付きまとうニヒリズムの宿痾のように捉えている。晩年の『マタイ受難曲』（一九八八年）において、ブルーメンベルクは「わが神よ《エリ》、わが神よ《エリ》、なにゆえ《レマ》汝は我を見捨て賜うや《サバクタニ》」という福音書でのイエスの死の前の言葉の内に、神の不在が熾烈に感受される経験を見て取っている。このような経験から巨大な疑問として湧き上がるのは、人間を見捨て、人間に禍をもたらす「神」がなにゆえになお「神」たりうるのかという問い、神が存在するのならなぜ悪や不幸が存在するのかという、いわゆる「弁神論」（Theodizee 神の正統化）の問題である。いちど萌したこうした形而上学的な問いは、ひとり神の問題にとどまることなく、波状的に問いの連鎖を生み出していく。もし仮に神がどこまでも絶対的で、人間の思惑から隔絶しているのなら、人間が現に生きている現実世界に果たして意味があるのか、さらにはそもそも人間自身の生存に意味があるのかといった問いが、そこから次々と生じてくるのである。そのため、「弁神論」は、そこを起点として、世界の意味の弁明としての「弁世論」（Kosmodizee 世界《コスモス》の正統化）、さらには人間の存立の自己弁明としての「弁人論」（Anthropodizee 人間の正統化）の主題へと向かっていく。この流れは、論理的な繋がりのみならず、歴史的にも一種の必然性をもっていると考えることができる。ブルーメンベルクは、このような問題を正面から受け止め、人間を絶対者との関係の内に位置づけ、人間がいかに絶対者と関わり、あるいはそこから離脱していくかという過程を、ヨーロッパ思想の全体を通して追跡しようとする。

絶対者たる神や苛酷な現実的世界と有限な人間とのあいだの緊張という問題は、ブルーメンベルクが「神学的絶対主義」の名称のもとで常に考え続けた論点である。『憂慮が川を渡る』（一九八九年）といった著作に見られるように、ブルーメンベルクの人間観の根底には、ハイデガーが『存在と時間』で示した人間存在の分析に共鳴するかたちで、人間の生を根本から脅かす憂慮や不安といった動機が一貫して響いている。しかしながらブルーメンベルクの考察は、ハイデガーのような人間存在の存在論的分析を目指すのではなく、人間が「神学的絶対主義」と対抗しながら、いかにして自らの独自の文化や思想を形成していくかという、その具体的・歴史的様相に向かっていく。絶対者の探究は、人間にとって不可避の課題であり、その存在は憧憬の対象であると同時に、有限で脆弱な人間にとっては、自らの存在を脅かす圧倒的な脅威でもある。神を求めながら神を回避するこのような両義性《アンビヴァレンス》が、人間に複雑な思考や豊かな文化を形成させる。ブルーメンベルクが語ろうとするのは、そのような人間の思想的な格闘と模索の過程であり、その中で営まれる思想形成と文化活動の切迫した関係である。その点で、ブルーメンベルクの思想は、人間の有限性と生存の努力を語り続ける哲学であり、ブルーメンベルクを主題とした代表的論文集（F. J. Wetz, H. Timm [Hgg.], *Die Kunst des Überlebens: Nachdenken über Hans Blumenberg*, Suhrkamp: Frankfurt a. M. 1999）の標題にあるように、「生存《サヴァイヴァル》の技法」なのである。

もとよりここで言われる「生存」とは、単に生物学的な意味での延命などではなく、苛酷で無意味とも思える現実的世界を前にして、人間がいかにして人間としての生を確立し、自らの生の意義を思想的に構築していくかという、その創造的な営為を指している。『近代の正統性』ではそのような観点から、グノーシス主義を軸として、神・世界・人間の関わりをめぐって、古代・中世・近代という時代の変化が叙述され、『コペルニクス的宇宙の生成』では、宇宙観と人間観の動揺が、宇宙の絶対性・無限性と人間中心主義との葛藤（「天の両義性」）として描き出される。そして『神話の変奏』では、神話の存在が、脅威と不安の源泉である絶対的現実から距離を取る遮蔽幕となり、現実を人間にとって理解可能にして、生存を意味づけるというその歴史的経緯が、神話的古代から現代まで追跡される。

このようにブルーメンベルクの主たる著作群は、ヨーロッパ文化全体を見渡すような思想史的考察に捧げられ、その分析に費やされている。人間の思想や文化がどのような経緯を辿って現代に至り、その過程でどれほどの難局を潜り抜け、いかなる葛藤を経験したか、そしてそれが現代の文化の性格にどのような影響を与えたかといった問題を、巨視的な視点に立って叙述することが、それらの著作の目標となっている。そのためブルーメンベルクの思想は、広い意味での文化史・思想史という体裁を取ってはいるが、現代の現象学や解釈学によって鍛えられたその思考にとっては、「歴史」という現象は、単純な時系列の連鎖として捉えられた発展史に解消されるものではない。なぜなら、歴史の理解はそれ自体がひとつの解釈であり、客観的な事実の量的な積み重ねによって自動的に歴史なる実体が作られるわけではないからである。その限り、歴史を作るのは人間の行為と解釈であるとも言えるが、かといって、自由な決断をもって歴史全体を意のままに構築しうる主体などが存在するわけではない。個々の行為や解釈は歴史という全体の地平の中で実現される以上、最終的に歴史を作るのは歴史自身であるとでも言うほかはない。そのため『近代の正統性』においてブルーメンベルクは、歴史が個々人の意図を超えて大きく転換する地点――とりわけ中世から近代へと移行する「時代転換《エポック》」――に即して、歴史の変化と連続性の問題を考察し、歴史の諸相とその切断面を探り当てようとしている。

歴史を変化の内的動機とともに捉えようとするブルーメンベルクの思想史は、連続性としての歴史の表象《イメージ》を覆して、歴史を非連続性の相のもとで理解しようとする。そのために、例えばヨーロッパの歴史をキリスト教の「世俗化」の過程とみなすような連続的な歴史観に異議を唱え、時代転換の創造的な意味（「正統性」）を主張するのである。歴史の内に連続性よりも非連続性を見る考え方は、同時代のフーコーの「エピステーメー」の思考や、本書でも取り上げられるTh・クーンの「パラダイム論」とも共通する点がある。しかしながらブルーメンベルクは、歴史の断絶を単に事実的な変化として確認することに満足せずに、その断絶の内に隠れた密かな連続性を取り出すことをも目指している。なぜなら、歴史の変遷の中で、確かに世界観の体系にはいくつかの顕著な非連続が認められるとはいえ、文化とは人間が生きていくための思想的な努力である以上、そこにはある共通の課題があり、それに対する応答の変化が、時代の相違を産み出すと考えるべきだからである。つまりブルーメンベルクは、歴史に実体的な連続性を想定するのではなく、事実上の歴史的非連続を確認しながら、その背景に一貫する「機能的」な連続性を元に思想史の流れを組み立てようとする。人間の根本的なあり方に根差す機能的な枠組みと、それに対処する役割を担う具体的な歴史的要素は区別されるべきである。そして、人間が自らの生存の意味を確証するという課題と、時代に応じて生まれる個々の思想は、変化の枠組みとしての基本的形式と、それを充塡する具体的内容との関係と理解することができる。一定の機能的枠組みが維持されながらも、歴史上それぞれ異なった思想が時代ごとに交代してその役割を充足させていくといったこうした歴史の捉え方を、ブルーメンベルクは「再充塡」(Umbesetzung 代替)という用語によって表現しようとしている。

ブルーメンベルク独特の「隠喩学」(Metaphorologie)という着想も、このような全体的な構想の内で初めて意味をもってくる。歴史の中で現実的世界を生きる人間にとって、その思想を動かすのは、根本的な憂慮や不安、生存の危機や無意味化であるが、そうした思想的であると同時に情動的な動機は、論理的な「概念」ではなく、それ自体としては論理化できない「隠喩」の内に現れるというのである。隠喩学の主題となる「絶対的隠喩」、あるいは「隠喩系」(Metaphorik)とは、本来は人間の手に負えない現実や、人間の力をはるかに凌駕する何ものかの絶対性に応答すべく、人間が自らの生存の感触の中から摑み取る「意味」の核のようなものである。人間は自身が属している「生活世界」の中で、たとえ合理的で論理的に洗練されたものでなくても、まずは自らの理解を可能にする何らかの手がかりを自身の手で作り出さざるをえない。そこで人間は、論理《ロゴス》に先立って形象《イメージ》を、言語に先立って隠喩《メタファー》を創出することで現実に対処し、それが中核となってそれぞれの思想や思想体系が構築されていく。そうした絶対的隠喩と呼ばれるものとして著作において大きく取り上げられたものには、例えば「光」、「難破」、「書物としての世界」などがある。しかしながらブルーメンベルクの「隠喩学」の狙いは、絶対的隠喩の具体化や、ましてやその分類や一覧にあるわけではなく、あくまでもその隠喩を、互いに結合・分離を繰り返す柔軟な組織体とみなし、類型化に陥らずその生成変化を追跡するところにあると言えるだろう。このような意味での「隠喩学」といったアプローチは、例えばヴァールブルク（Aby Moritz Warburg, 1866–1929）の「情念定型」（Pathosformel）、「単位観念」の着想にもとづくラヴジョイ（Arthur Oncken Lovejoy, 1873–1962）の「観念史」（History of Ideas）、さらにはクルティウス（Ernst Robert Curtius, 1886–1956）の「トポス論」（Topos-Forschung）などとも一脈通じるものである。ブルーメンベルクの現代性をこのような観点から評価することも可能だろう。

三　技術・芸術・修辞学

このような全体的構想は、ブルーメンベルクの大著群で、詳細を極めた歴史叙述とともに展開されている。複数の分野を横断して、自由自在に学知の森に分け入っていくブルーメンベルクの魁偉なまでの力量を実感するには、それらの大冊に直接に取り組むのが一番であるが、当然ながら、その全体を理解するには相当の困難をともなうのも事実である。本書『われわれが生きている現実』は、これらのブルーメンベルクの大著群とは異なり、一貫した見通しのもとに書き下ろされた著作ではなく、一九五〇年代から七〇年代にかけて個別の機会に発表された比較的小さな論考を集めたものである。とはいうもののそれらの論考は、内容的にブルーメンベルクの思想と主題を凝縮して示しているため、本書は、ブルーメンベルクの思想に近づき、その独特の叙述に触れるには格好の著作となっている。内容的には、フッサールの『ヨーロッパ諸学の危機と超越論的現象学』にもとづいて技術の問題を扱った「生活世界と技術化」、古代ギリシアの芸術理論・技術論の中心とみなされていた「模倣《ミメーシス》」の観念を中心に、芸術・技術が近代に至って「創造的人間」の理念を産み出す経緯を辿った「自然の模倣」、ヨーロッパの学知の内で常に中心的な位置を占めていた「修辞学〔弁論術〕」を人間学的に解釈する「修辞学の現代的意義」を三本の柱として、加えて二本の小論と一編の講演原稿を収めている（その内容に鑑み、原書の「諸論文と講演」という飾り気のない副題を、「技術・芸術・修辞学」と改めた）。

(1) 技術　本書の標題「われわれが生きている現実」がもつ含意は、すでに概観したブルーメンベルクの思想の全体像から容易に予想がつくだろう。直接的には把握しがたく、生存に対する脅威でもある現実の中で、人間が如何に生きる道を見出し、自らの生の意味を確立するかという問題が、本論文集でも一貫して論じられている。本書第一編の「生活世界と技術化」においても、「技術」という主題が、人間が自らの世界に関わる根本的なあり方として扱われ、技術を歴史との関係において捉えることが目標とされている。そうした問題意識に立つなら、「技術」を自然のアンチテーゼと捉える一般的な視点は技術の本質に迫りうるものではないし、技術化がもたらす悪影響のみを見て技術を糾弾する「技術の悪魔学《デモノロギー》」もけっして有効な視点ではない。そこで、技術という「事象」を俎上に乗せるために拠り所とされるのが、フッサールの現象学である。最晩年の著作『ヨーロッパ諸学の危機と超越論的現象学』において、フッサールは、現実の人間が生きている「生活世界」(Lebenswelt) の理解を前面に押し出し、知覚経験や歴史的・文化的実践の場である生活世界が、近代の科学・技術によって抽象化され、その意味の内実が空洞化している現状を現代の学問的危機と捉え、その視点から生活世界の再発見を主張する。ブルーメンベルクもそうしたフッサールの論調に従いながら、機械化・形式化といった現代技術の傾向を、現象学的な経験の分析とともに浮彫りにしていく。

　ブルーメンベルクによれば、技術化にともなう形式化や自動化は、現代のテクノロジーを俟つまでもなく、近代の学問理念に本質的に結び付いており、実は近代の科学そのものにおいて現れている。近代において最も顕著にその姿を表す技術化の動向は、さらに遡るなら、古代におけるプラトンとソフィストとの対立に辿りつく。そこでは、事柄の本質にもとづく「知」と、事柄の真の理解を差し置いて、ひたすら効果や結果のみを目指す「技術」との対比が明瞭に現れ、両者のあいだで「哲学」という知のあり方が争点となった。技術化と生活世界をめぐる現代の現象学の議論は、いわばそうした古い由来をもつ問題がより先鋭化したものと考えることができる。フッサールは、近代科学が意味の源泉である生活世界を隠蔽したことを指摘し、生活世界を新たに掘り起こすことを現象学の課題に据えた。しかしながら現象学の真の狙いは、単に生活世界の復権にとどまらず、当の生活世界そのものの起源を超越論的に問うところにある。その意味でフッサールにとって生活世界は、現実的・実践的意味の「基盤」であると同時に、批判的な思考を日常性の内に埋没させてしまう「自明性の領界」でもある。つまり生活世界は、技術化によって蔽い隠されている以上は、意味の源泉として救い出されなければならないが、他方で、それが思考の忘却の場となっている以上、その素朴性・自明性は批判され相対化されなくてはならない。そこでブルーメンベルクは、フッサールの「生活世界」概念のこの二義性に注目しながら、理性の課題としての現象学の遂行の内に、理性と現実の緊張、哲学と技術の葛藤、あるいは「洞察と遂行の二律背反《アンチノミー》」を見るのである。こうした問題は、のちに『生活時間と世界時間』の内でさらに展開され、フッサールとは異なった仕方での生活世界論が提示される。また技術論に関しては一九六〇年代の論考数編をまとめた『技術の精神史』(*Geistesgeschichte der Technik*, Suhrkamp/Frankfurt a. M. 2009) が公刊されている (同書では、付属のCD音源でブルーメンベルクの肉声での講演を聴くことができる)。

(2) **芸術**　技術の問題は続く論考「模倣の理念」の主題である「芸術」とも密接に関わっている。なぜなら技術と芸術は、ラテン語ではともにarsという語で表現されるように、元来は人間の「人為」を表す一般的な用語の内で一括して理解されていたからである。この論考で追求されるのは、「模倣《ミメーシス》」という古代ギリシア的な概念を起点として、それが歴史の内で人間の自己理解・世界理解にともなって如何に変質し、近代に至って「創造的人間」という理念を産み出すかという問題である。その点で本論は、「模倣」や「創造」をめぐる隠喩学の実践と言うこともできる。しかもその議論は、単なる芸術論の範囲に収まるものではなく、ギリシアの「技術《テクネー》」論から始まって、キリスト教的な創造論、近代の複数世界論などの複数の分野を圧倒的な力量で繋ぎながら展開されるという点で、短いながらもブルーメンベルクの本領を堪能できるものとなっている。

古代ギリシアにおいて技術や芸術を考える場合、自然界の現象を延長し、自然の発展を助長するという側面を強調するアリストテレスの見解がある一方、芸術や技術の製作を、理念化された観念的本質であるイデアの模倣とみなすプラトンの思想が大きな位置を占めている。その点で、人間の製作行為とは自然の「完成」であるのか、あるいはイデアの「模倣」であるのかは、古代においても調和の困難な観点であった。キリスト教の浸透にともなって、こうしたギリシア的思考が、神の「創造」の問題において反復され、神の全能の権限がどこまで及ぶかという神学的な論争に繋がっていく。この神の全能の問題は、中世から近代へと思考が移り変わる中で、ひとつの中心的な争点となる。他方で技術に関しても、近代の初頭になると、自然には存在しないものを作り出す技術の本質が強調されることによって、模倣という理念が大きく変質していく。人間の道具の多くのものは、自然界やイデアの模倣ではなく、新たで未知のものの創出である（例えば、飛行機を可能にしたプロペラの技術は、自然界での鳥類の飛翔の「模倣」ではない）。こうして、神学的・人間論的な背景がともに働くことによって、近代の芸術家・技術家の独自の位置、つまり「創造的人間」の優位といった思考が誕生する。それとともに、近代の思想の中に、「無限の可能性」という観念や、「複数世界論」といった近代固有の世界観が育まれ、その可能性を創出する芸術に、ある種の形而上学的特質が認められることになる。

(3) **修辞学**　ブルーメンベルクにおいて、技術・芸術という問題と常に対になりながら、その背景をなしているのが「修辞学《レトリック》」の問題である。「修辞学」（Rhetorik）は、「弁論術」「雄弁術」とも訳されるように、古代において演説の技法として練り上げられ、ソフィスト以来の古い伝統をもち、ローマ時代のキケロやクィンティリアヌスによって学問として確立された。中世の七自由学芸では、文法学・論理学と並んで、「三学」（trivium）と呼ばれる言語的諸学の主要部分に組み込まれ、演説・弁論に関わる広範な事象――措辞や文飾、隠喩や文章構成といった言語的問題のみならず、人間の感情や社会関係など――を扱う総合的な学問とみなされていた。現代においては、その名残りは、文飾の意味での「レトリック」に限定されたとはいえ、論考「修辞学の現代的意義」においてブルーメンベルクは、その学科がもつ古い伝統を踏まえ、なおかつその学問の本質を、人間の生存と真理の関係にまつわる人間学的問題として理解しようとする。時代の変化にも揺らぐことのない絶対的真理を求めるソクラテス＝プラトン的な哲学の主流とは異なり、修辞学は目前の現実に限定され、その場の難局を切り抜けるために考案される柔軟な伎倆である。それはいわば人間の手の届かない真理を追い求めるのではなく、猶予を許さない課題の解決に向けて、説得や議論を通じて「合意《コンセンサス》」を取り付け、切迫した現実問題に可能な限り適正に対処しようとするものである。そのため修辞学は、絶対的真理という基準に照らすなら単に「次善の策」にすぎないものと映るため、哲学の歴史においては常に主流派の後塵を拝してきた。賢者ソクラテスに対して詭弁家ソフィストが、哲学者デカルトに対して修辞学者ヴィーコが二次的な位置にとどまらざるをえなかったのは、このような事情に由来する。しかしブルーメンベルクはその修辞学を、不安定で理解困難な現実世界の中で人間が自らの生存の道を切り拓く技法として積極的に評価しようとするのである。

修辞学は真理の代替的表現であり、真理の内容的な理解の徹底ではなく、現実に実現可能な範囲で真理の代理物を構築し、目前の現実に対処するといった実用的な性格をもつ。そのため修辞学は、「技術」という観念の起源にもなる一方で、人間が現実を受け入れ、その意味を解釈する際の機構《メカニズム》を示しているものと考えることもできる。修辞学とは、真理の直接的表現ではなく、真理の迂回であり、現実の間接的把握である。そのためそれは、生理的・動物的反応を言語的理解を介して、人間にとって理解可能な象徴的《シンボル》・隠喩的《メタファー》意味へと変換する過程とも言える。こうしてブルーメンベルクは、現実の象徴的理解という観点に立って、カッシーラーの「象徴を操る人間」や、社会学者ゴフマンの「役割」といった着想をも援用しながら修辞学の射程を拡張し、その現代的意味に注目する。修辞学の復権というこの主題は、まさに二十世紀の哲学的解釈学や現象学的社会学のひとつの動向であり、そこでは論理的で客観的な絶対的真理に代わって、間主観的で社会的な「合意」を探究する修辞学のあり方が注目され、「常識《コモン・センス》」（共通感覚）や「社会的通念《ドクサ》」といったものの再評価が計られるのである。絶対的な価値や永遠の真理といった思考が大幅に後退した現代哲学において、修辞学的な「意味」の理解というのは、言語論的問題のみならず、基礎哲学的問題に関しても、新たな展開を予感させる有望な視点と考えられている。例えば現代イタリア哲学を中心に語られる「弱い思考」（G・ヴァッティモ）なども、そのひとつの展開とみなすことができる。

論考「修辞学の現代的意義」は、現代的状況の中での修辞学の位置という問題にとどまらず、ブルーメンベルクの思考全体の中でも、彼自身の方法論に関わる基礎的考察という意味をもっている。思想表現の内での「隠喩《メタファー》」に最大限の意味を認めるブルーメンベルクの「隠喩学」は、まさに「隠喩」という修辞学的な意味表現に関わるものであり、また本論の中でも語られているように、彼自身の思想史の中で大きな役割を果たす「再充塡」（代替）もまた、修辞学的な現実理解のひとつの応用だからである。したがって、本論は、技術と芸術という本書の中心的主題を支え、さらにその基本的着想を掘り下げている点で、一種の方法論としての位置を占めているとも言えるだろう。

(4) その他　芸術、特に言語芸術たる文学の具体的な議論は、研究グループの機関誌『詩学と解釈学』に発表された「言語状況と内在的詩学」が扱っている。ここでは、テクストに書かれた内容のみに解釈を限定べきとする内在的詩学の立場と、伝記や著者の回想などを含む外的テクストをも解釈に利用する外在的詩学との対比が、言語論という基礎論に遡りながら論じられている。小論「パラダイム」は、ブルーメンベルク自身の「再充塡」とも発想の共通点をもつTh・クーンのパラダイム論を取り上げ、「パラダイム」という観念を元々の「語形変化《パラダイム》」の意味に遡りながら、その特徴を考察している。最後に付された講演「エルンスト・カッシーラーを讃えて」は、クーノー・フィッシャー賞の受賞に当たり、同賞の第一回目の受賞者であるカッシーラーを顕彰し、その業績と現代的意味を共感とともに語っている。そこでは、ブルーメンベルクの着想源のひとつとなった「象徴《シンボル》形式の哲学」とその歴史観が紹介されるだけでなく、カッーラーの思想に対する批判的な吟味がなされるなど、ブルーメンベルクの思想形成の一端を示す貴重な講演となっている。

*

それぞれの論考の原題・初出、発表の経緯は以下の通りである。

・「生活世界と技術化――現象学の観点より」
Lebenswelt und Technisierung unter Aspekten der Phänomenologie, in: *Filosofia* (Torino) 14 (1963), pp. 855–884. 一九五九年二月にケルンのフッサール文庫、次いで同年一二月にバーゼル哲学協会で行われた講演が元になっている。原書では、各節ごとの区切りが節番号のみでなされているため、読者の理解の便のため、見出し語を訳者が挿入した。映画『モダン・タイムス』の図版も、訳者の判断で掲載した。

・「自然の模倣——創造的人間の理念とその前史」

Nachahmung der Natur. Zur Vorgeschichte der Idee des schöpferischen Menschen, in: *Studium Generale* 10 (1957), S. 266–283. 一九五六年一一月にミュンヘン大学哲学科で行われた講演が元になっている。原書では、各節ごとの区切りが節番号のみでなされているため、読者の理解の便のため、見出し語を訳者が挿入した。

・「修辞学の現代的意義——人間学的アプローチから」

Anthropologische Annäherung an die Aktualität der Rhetorik, in: *Il Verri* (Milano) 35/36 (1971), pp. 49–72. イタリア語で発表された。ドイツ語版は本書が初出である。

・「言語状況と内在的詩学」

Sprachsituation und immanente Poetik, in: W. Iser (Hg.), *Immanente Ästhetik - ästhetische Reflexion. Lyrik als Paradigma der Moderne*, München 1966 (Poetik und Hermeneutik. Arbeitsergebnisse einer Forschungsgruppe II), S. 145–155.

・「パラダイム——文法的に」

Paradigma, grammatisch, aus: Beobachtungen an Metaphern, in: *Archiv für Begriffsgeschichte* 15 (1971), S. 195–199.

・「エルンスト・カッシーラーを讃えて——クーノー・フィッシャー賞受賞挨拶」
Ernst Cassirers gedenkend. Rede bei Entgegennahme des Kuno-Fischer-Preises der Universität Heidelberg im Juli 1974, in: *Revue Internationale de Philosophie* (Bruxelles) 28 (1974), pp. 456–463.

＊

本書の翻訳に当たっては、その多岐にわたる議論ゆえに多くの不明点が生じ、それぞれの分野の専門家にご教示を賜った個所が少なくない。とりわけ「自然の模倣」の原註に多く含まれるギリシア語・ラテン語原文の翻訳に関しては、明星大学・金澤修氏のお力をお借りし、「生活世界と技術化」については下訳段階で、高千穂大学・齋藤元紀氏にご協力をお願いした。記して感謝したい。また実際に翻訳作業を進めるに際して、編集者の奥田のぞみ氏からは、一般読者から見たときの訳文の問題を多々ご指摘いただいた。本書が日本語としていくらか読みやすいものになったとしたら、それはひとえにこうしたご尽力の賜物である。併せて感謝の意を表したい。日本におけるブルーメンベルクの理解のために、本書がその一助となれば幸いである。

マルクス　Karl Marx　71, 161
マルケルリヌス　Marcellinus　92–93
ミルトン　John Milton　107
メーザー　Justus Möser　176
モンテーニュ　Michel Eyquem de Montaigne　134, 168

や　行

ユンガー　Ernst Jünger　72
ユング　Carl Gustav Jung　144–145

ら　行

ライト　Orville Wright　68
ライプニッツ　Gottfried Wilhelm Leibniz　44, 101, 104–106, 110, 155, 182
ラヴォワジェ　Antoine-Laurent de Lavoisier　204
リヒテンベルク　Georg Christoph Lichtenberg　202–206
リリエンタール　Otto Lilienthal　68
ルクレティウス　Titus Lucretius Carus　10–12, 92
ルソー　Jean-Jacques Rousseau　7, 11
ルター　Martin Luther　102
レヴィ＝ストロース　Claude Lévi-Straus　218
ロック　John Locke　3, 182

た　行

ダ・ヴィンチ　Leonardo da Vinci　1, 68
ダミアニ　Petrus Damiani　97
チャップリン　Charles Spencer Chaplin　6
ディドロ　Denis Diderot　7
ディルタイ　Wilhelm Dilthey　215
デカルト　René Descartes　13, 19, 23, 42, 44, 103, 108, 135–136, 139, 176
デクー　Henry Deku　91
デモクリトス　Demokritos　iii
デュフィ　Raoul Dufy　107
テルトゥリアヌス　Quintus Septimius Florens Tertullianus　86, 89
トゥールのベレンガリウス　Berengarius Turonensis　97
トマス・アクィナス　Thomas Aquinas　98–100

な　行

ニーチェ　Friedrich Nietzsche　71, 130–131, 148
ノヴァーリス　Novalis: Friedrich von Hardenberg　30

は　行

ハイデガー　Martin Heidegger　38, 210, 215
パウル　Jean Paul　167
パウンド　Ezra Loomis Pound　193
パスカル　Blaise Pascal　1–3, 157
パルミジャニーノ　Parmigianino　63
フィッシャー　Kuno Fischer　210
フィンク　Eugen Fink　17
フォントネル　Bernard le Bovier de Fontenelle　iii
フッサール　Edmund Husserl　iv–vi, 4, 13–17, 19–23, 25–34, 38–45, 47–49, 51–53, 134, 188, 214–215
プトレマイオス　Ptolemaeus 219
ブライティンガー　Johann Jakob Breitinger　106
プラトン　Platon　iii, 46–48, 73, 74, 75, 77–82, 90, 93, 95, 106, 128–131, 166
ブルーノ　Giordano Bruno　3
ブルクハルト　Jacob Burckhardt　137
ブルトン　André Breton　63
ブレンターノ　Franz Brentano　14
フロイト　Sigmund Freud　144–145
ブロイラー　Eugen Bleuler　145
ベーコン　Francis Bacon　23
ヘラクレイトス　Herakleitos　85, 192
ヘルシェル　Frederick William Herschel　204
ベン　Gottfried Benn　191–192
ポセイドニオス　Poseidonios　85, 87–89
ホッブズ　Thomas Hobbes　141, 162–165
ボドマー　Johann Jakob Bodmer　106–107
ボナヴェントゥラ　Bpnaventura　100

ま　行

マイアー　Ahlrich Meyer　164
マイアー　Johann Tobias Mayer　204
マジーニ　Giovanni Antonio Magini　218
マッテシラーノ　Matteo Mattesilano　175
マルク　Franz Marc　107

人名索引

あ 行

アヴィケブロン　Avicebron　98
アウグスティヌス　Augustinus　90–95, 98, 101
アリストテレス　Aristoteles　iii, 61–63, 69, 75, 78–84, 94, 98–100, 105, 133
アルスベルク　Paul Alsberg　142
アルベルトゥス・マグヌス　Albertus Magnus　98
アレクサンドロス大王　Alexandros　161
イソクラテス　Isokrates　137
ヴァルツェル　Oskar Walzel　104–105
ヴァレリー　Paul Valéry　1, 3, 175, 184, 189–191, 194–195
ヴィーコ　Giambattista Vico　183
ウィトゲンシュタイン　Ludwig Wittgenstein　182
ウーゼナー　Hermann Karl Usener　213
ウォーフ　Benjamin Lee Whorf　177
エウクレイデス　Eukleides　44
エンゲルス　Friedrich Engels　71
オッカム　William Ockham　100, 102

か 行

ガウマフ　Gottlieb Gamauf　203
カッシーラー　Ernst Cassirer　140–141, 209–221
カップ　Ernst Kapp　4
ガリレイ　Galileo Galilei　33, 218–219
カント　Immanuel Kant　iii, 34, 134, 159–160, 167, 203, 211, 220
キケロ　Marcus Tullius Cicero　87, 105, 128, 148, 175
クーン　Thomasn Samuel Kuhn　138, 158, 201–202
クザーヌス　Nicolaus Cusanus　65–67, 70, 101–102, 182
クレー　Paul Klee　110, 180
クレモニーニ　Cesare Cremonini　218
ゲーレン　Arnold Gehlen　142
ケプラー　Johannes Kepler　205
コーエン　Hermann Cohen　210
ゴフマン　Erving Goffman　147
コペルニクス　203–206, 219
コント　Auguste Comte　71

さ 行

シッチ　Francesco Sizzi　218
小セネカ　Lucius Annaeus Seneca　87–89
ジンメル　Georg Simmel　146–147, 215
スカリゲル　Julius Caesar Scaliger　105
ソクラテス　9, 47, 75, 130–131

《叢書・ウニベルシタス　1019》
われわれが生きている現実
技術・芸術・修辞学

2014年11月１日　　初版第１刷発行

ハンス・ブルーメンベルク
村井則夫 訳
発行所　一般財団法人 法政大学出版局
〒102-0071 東京都千代田区富士見2-17-1
電話03(5214)5540／振替00160-6-95814
製版・印刷：平文社　製本：誠製本

Printed in Japan

ISBN978-4-588-01019-4

著　者

ハンス・ブルーメンベルク（Hans Blumenberg）
1920年ドイツのリューベックに生まれる．母はユダヤ人で，戦争中ナチスの迫害を避け身を隠していた家の娘と結婚する．キール大学で教授資格を取得，同大学を皮切りに，ハンブルク，ギーセン，ボッフム，ミュンスターの各大学で教鞭をとる．最も近い関係にある哲学者はカッシーラー．〈詩学と解釈学〉グループ（ギーセン）の創立メンバー．96年3月75歳で死去．代表作『近代の正統性』で，〈世俗化〉としての近代という一般的に認められていた歴史理解に根本的な異議申し立てを行い，近代の起源を中世との機能的連関の中で明らかにした．また，現代の自己理解の前提としての啓蒙主義の啓蒙というみずからのプロジェクトを，『コペルニクス的宇宙の生成』（75*）『神話の変奏』（79*）でさらに深化させた．80年，ドイツ言語文芸アカデミーのG. フロイト賞を受賞．独自の論理で哲学・神学・文学・科学を横断的に論じ，歴史理解の地平を比類なく拡大させたその仕事は，わが国ではまだ未知の巨峰と言って過言でない．他に，『テロルと遊び』（71共著）『観想者の破綻』（79）『世界の読解可能性』（81*）『生活時間と世界時間』（86）『トラキアの女の笑い』（87）『洞窟の出口』（89）などがある．（＊は法政大学出版局で翻訳刊行）

訳　者

村井則夫（むらい・のりお）
1962年生。上智大学大学院博士後期課程満期修了。明星大学人文学部教授。著書に『ニーチェ――仮象の文献学』（知泉書館），『ニーチェ――ツァラトゥストラの謎』（中公新書），『ハイデッガーと思索の将来』（共著，理想社），『西洋哲学史I』（共著，講談社）など。翻訳に，ニーチェ『喜ばしき知恵』（河出文庫），シュナイダース『理性への希望』，ブルーメンベルク『近代の正統性III』（法政大学出版局），リーゼンフーバー『近代哲学の根本問題』，『中世哲学における理性と霊性』（知泉書館），トラバント『フンボルトの言語思想』（平凡社）など．